공룡과 화석

뼈만 남았네!

사진출처

연합뉴스_ 17p / 고성에서 발견된 공룡 피부 화석   44p / 시베리아에서 발견된 어린 매머드 화석   98p / 둘리 박물관 개관   99p / NC 다이노스의 크롱   108p / 거대 매머드 뼈 화석   109p / 하드로사우루스의 알 화석   110p / 국립과천과학관 입구   111p / 국립과천과학관 공룡 모형   112p / 고성공룡박물관   113p / 상족암 공룡 발자국 화석지

위키피디아_ 47p / 모기 화석(Oregon State University), 은행잎 화석(Kevmin)   61p / 오일 샌드(James St. John)   84p / 키노그나투스 · 리스트로사우루스 · 메소사우루스 그림(Nobu Tamura), 글로소프테리스 화석(James St. John)

뼈만 남았네! **공룡과 화석**

ⓒ 함석진, 2017

1판 1쇄 발행 2017년 3월 17일 | **1판 5쇄 발행** 2022년 9월 30일

글 함석진 | **그림** 이창우 | **감수** 서울과학교사모임
펴낸이 권준구 | **펴낸곳** (주)지학사
본부장 황홍규 | **편집장** 윤소현 | **편집** 양선화 박보영 김승주
디자인 이혜리 | **마케팅** 송성만 손정빈 윤술옥 이혜인 | **제작** 김현정 이진형 강석준
등록 2010년 1월 29일(제313-2010-24호) | **주소** 서울시 마포구 신촌로6길 5
전화 02.330.5263 | **팩스** 02.3141.4488 | **이메일** arbolbooks@jihak.co.kr
ISBN 979-11-85786-94-0 74400
ISBN 979-11-85786-82-7 74400(세트)
잘못된 책은 구입하신 곳에서 바꿔 드립니다.

 제조국 대한민국   사용연령 8세 이상
KC마크는 이 제품이 공통안전기준에 적합하였음을 의미합니다.

 아르볼은 '나무'를 뜻하는 스페인어. 어린이들의 마음에 담긴 씨앗을 알찬 열매로 맺게 하는 나무가 되겠습니다.
홈페이지 www.jihak.co.kr/arb/book | **포스트** post.naver.com/arbolbooks

펴냄 글

 과학은 왜 어려울까?

- 생물, 지구과학, 물리, 화학 등 공부해야 할 범위가 넓다.
- 책이나 교과서를 볼 땐 이해할 것 같다가도 돌아서면 헷갈린다.
- 과학 현상이나 원리가 어려워서 이해가 안 된다.
- 과학 공부를 할 때 어려운 단어가 많이 나온다.

 과학 공부, 쉽게 하려면 통합교과 시리즈를 펼치자!

통합교과란?

- 서로 다른 교과를 주제나 활동 중심으로 엮은 새로운 개념의 교과
- 하나의 주제를 **개념·지구과학·환경·인물·문화** 등 다양한 영역에서 접근해 정보 전달 효과를 높임
- 문이과 통합 교육 과정에 안성맞춤

 이런 학생들에게 통합교과 시리즈를 추천합니다!

과학 교과를 처음 배우는 초등학교 **3학년**

과학이 지겹고 어렵게 느껴지는 **4학년**

 개념
개념을 알아야 주제가 보인다!
개념 완벽 정리!

 지구과학
과학 분야를 샅샅이
파고들어 주제에 대한
이해력을 쏙!

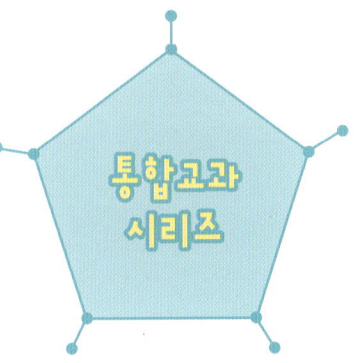

인물
관련 분야에 업적을 이룬
인물을 통해 연구자의
자세 본받기!

 문화
주제와 관련된 문화 분야를
살펴보고 상상력 기르기!

 환경
주제와 관련된 환경 문제를
알아보고 해결 방안 탐색!

차례

1화
공룡, 넌 누구냐!
개념 공룡이란 무엇일까? 10

- 16 공룡이란?
- 20 무서운 육식 공룡과 얌전한 초식 공룡
- 27 흥미로운 존재, 공룡
- 18 공룡이 제일 잘 나가던 시기
- 24 공룡은 왜 사라졌을까?
- 30 **한 걸음 더** – 슈퍼스타 공룡들

2화
뼈만 남았네!
지구과학 화석이란 무엇일까? 32

- 38 고생물의 흔적, 화석
- 42 화석이 되는 길은 쉽지 않아
- 46 유명한 화석들
- 40 오래전 이야기를 들려주는 화석
- 45 화석이 발견되는 돌 – 퇴적암
- 50 **한 걸음 더** – 흔적 화석 만들기

3화
연료가 된 화석
환경 화석 연료의 빛과 어둠 52

- 58 석탄과 석유가 생물이었다고?
- 65 화석이 아닌 연료들
- 70 **한 걸음 더** – 지구 온난화와 멸종 위기 동물
- 62 화석 연료의 문제점

4화
화석과 놀 거야 　인물　공룡과 화석을 연구한 사람들　**72**

78　아낙시만드로스, 과학의 눈으로 맨 처음 화석을 보다

80　레오나르도 다빈치, 화석으로 지각 변동을 알아내다

83　알프레드 베게너, 화석으로 땅의 움직임을 밝혀내다

86　매리 애닝, 어룡과 익룡 화석을 발견하다

90　**한 걸음 더** – 공룡 · 화석과 관련된 직업

5화
다시 만나는 공룡　　문화　만화와 영화 속의 공룡　**92**

98　만화를 통해 되살아난 공룡　　　100　눈앞에 펼쳐진 공룡의 세계 〈쥬라기 공원〉

103　빙하 시대를 다룬 〈아이스 에이지〉　　108　**한 걸음 더** – 공룡을 만날 수 있는 박물관

114　워크북　/　124　정답 및 해설　/　126　찾아보기

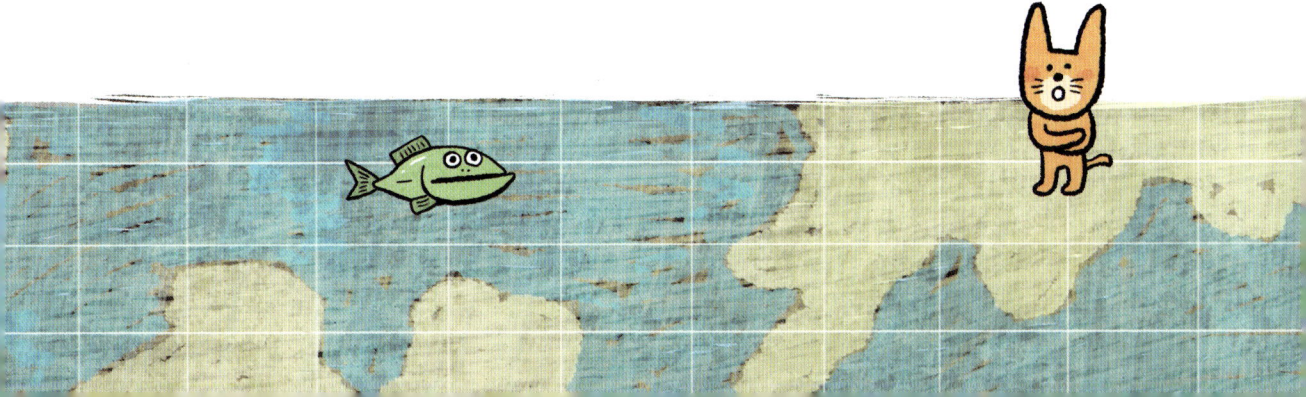

등장인물

주락이

공룡이 나온다면 게임이든, 영화든, 만화든 다 좋아하는 소년.
현명해 박사를 따라나섰다가 폭풍을 만나 공룡섬에 떨어진다.
실제로 만난 공룡들은 무섭고 위험했는데…….
과연 주락이는 공룡섬에서 탈출할 수 있을까?

자연이

호기심 많고 씩씩한 소녀.
주락이와는 티격태격하면서도 죽이 잘 맞는 친구다.
주락이, 현명해 박사와 함께 공룡섬에 떨어진다.

현명해 박사

공룡과 화석에 대해 아는 게 많은 주락이의 삼촌.
생태계 조사를 위해 답사를 떠났다가
아이들과 공룡섬에 떨어진다.
줄리아 박사를 보고 한눈에 반해 해롱거리는
엉뚱한 모습을 보이기도 한다.

줄리아 박사

공룡을 연구하는 박사.
악당에게 붙잡혀 공룡을 되살리는 일을 했지만,
세계를 구하기 위해 주락이 일행을 도와준다.

악당 두목

지구 정복을 꿈꾸는 못된 남자.
공룡 연구자들을 협박해 공룡을 되살리고 있다.
공룡을 이용해 세상을 자기 마음대로 움직이려고 한다.

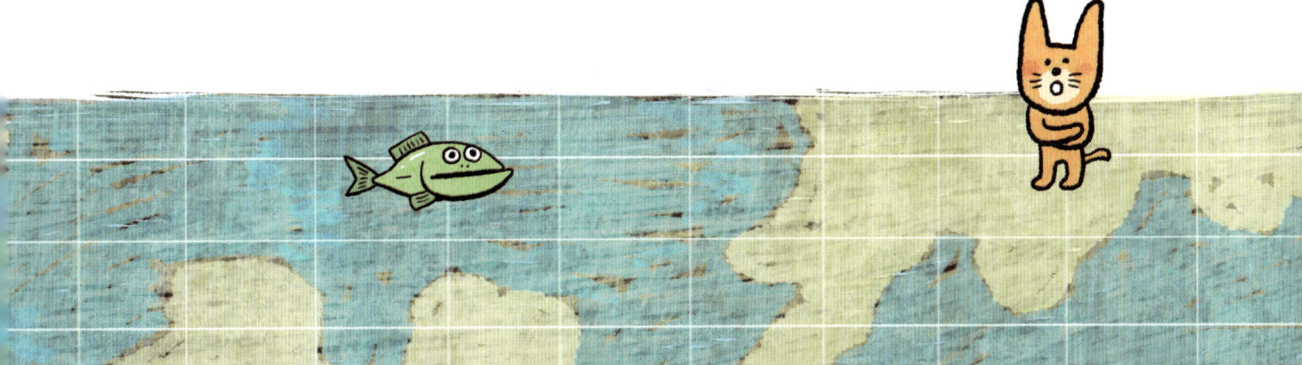

- 공룡이란?
- 공룡이 제일 잘 나가던 시기
- 무서운 육식 공룡과 얌전한 초식 공룡
- 공룡은 왜 사라졌을까?
- 흥미로운 존재, 공룡

한눈에 쏙 - 공룡이란 무엇일까?
한 걸음 더 - 슈퍼스타 공룡들

공룡이란?

지금으로부터 약 2억 3천만 년 전의 트라이아스기부터 6천 5백만 년 전에 끝난 백악기 말까지, 지구에 살았던 파충류를 가리켜 공룡이라고 해요. 보통 파충류라고 하면 뱀이나 악어처럼 털이 없고 몸이 비늘로 덮인 동물을 가리켜요. 공룡은 '무서운 파충류'라는 뜻이에요. 공룡을 통틀어 '공룡류'로 분류하기도 해요.

무서울 공   용(파충류) 룡

많은 동물이 그렇듯 공룡도 크기와 생김새가 아주 다양했어요. 가장 큰 공룡은 몸길이가 60미터가 넘었어요. 60미터면 아파트 20층 정도 높이예요. 반대로 에피덱시프테릭스처럼 몸길이가 40센티미터 정도밖에 안 되는 작은 공룡도 있었답니다.

◀ 암피코엘리아스
현재까지 발견된 공룡 중 가장 큰 공룡

에피덱시프테릭스 ▶
현재까지 발견된 공룡 중 가장 작은 공룡

공룡의 조건

건조하고 거친 피부

공룡의 피부는 비늘 모양이었어요. 또 건조하고 거칠었지요.

고성 공룡 피부 화석

똑바로 선 몸

공룡은 무릎과 다리 관절이 다른 파충류들과 다르고, 골반이 더 튼튼해요. 보통 파충류가 다리를 옆으로 넓게 벌리고 바닥에 바짝 붙어서 움직이는 것과 달리, 공룡은 땅에 붙어서 걷지 않았어요. 심지어 사람처럼 서서 걷는 공룡도 있었답니다.

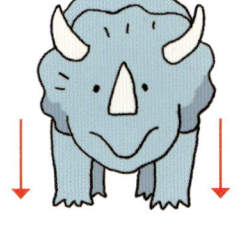

공룡의 다리 관절

파충류의 다리 관절

알에서 태어남

공룡은 다른 파충류들처럼 알에서 태어났어요. 한번에 낳는 알의 수와 모양, 크기는 공룡에 따라 다양했지요. 가장 큰 알의 크기는 축구공만 했답니다.

TIP

어룡과 익룡은 공룡이 아니야!

물속에 사는 어룡과 하늘을 나는 익룡은 공룡이 아니에요. 공룡은 육지에 살았던 종류만을 말해요. 따라서 어룡과 익룡은 파충류는 맞지만 공룡은 아니랍니다.

공룡이 제일 잘 나가던 시기

지구는 지금으로부터 46억 년 전에 생겼어요. 하지만 그때는 너무 뜨거워서 땅이 없었고, 모두 마그마★ 상태였답니다. 그 뒤, 지구가 점차 식자 바깥쪽에 땅이 생기고, 수증기가 비로 내려 바다가 생겼어요. 이때부터 인류가 문자를 사용하기 전인 1만 년 전까지를 '지질 시대'라고 불러요. 지질 시대는 당시의 기록물이 아무것도 없으므로, 땅에 남은 흔적을 살펴보고 무슨 일이 있었는지 짐작해야 하지요.

공룡이 지구의 주인이던 중생대

공룡이 살았던 시기는 지질 시대 중에서도 중생대(2억 3천만 년 전~6천 5백만 년 전)예요. 무려 1억 6천만 년 동안 살았던 거지요.

인류가 자리 잡고 살기 시작한 지는 겨우 1만 년밖에 안 됐으니, 공룡이 얼마나 오랫동안 지구를 지배했는지 짐작이 되지요?

★ **마그마** 땅속 깊은 곳에서 암석이 뜨거운 열에 녹아 반액체 상태로 있는 것

중생대는 트라이아스기, 쥐라기, 백악기로 나뉘어요.

공룡은 트라이아스기에 처음 나타났지요. 그러다가 날씨가 따뜻해진 쥐라기에 폭발적으로 늘어났고, 백악기에 가장 많이 살다가 한순간에 사라졌답니다. 왜냐고요? 그건 뒤에서 알려 줄게요!

무서운 육식 공룡과 얌전한 초식 공룡

공룡은 주로 어떤 것을 먹느냐에 따라 육식 공룡과 초식 공룡으로 나뉘어요. 육식 공룡과 초식 공룡은 여러 면에서 서로 달랐답니다.

내가 중생대의 지배자다! - 육식 공룡

육식 공룡은 다른 동물을 잡아먹던 공룡이에요. 중생대에 살던 동물은 대부분 초식 공룡이었지요. 육식 공룡의 몸은 초식 공룡을 잘 잡아먹을 수 있도록 발달했답니다. 어떤 특징이 있는지 알아볼까요?

 1 날카로운 이빨과 강한 턱

육식 공룡은 초식 공룡과의 싸움에서 이기기 위해 날카로운 이빨과 강한 턱을 가지고 있었어요. 심지어 이빨에 작은 톱니도 나 있었답니다.

육식 공룡의 이빨 화석

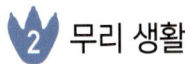 무리 생활

보통 육식 공룡들은 초식 공룡보다 키와 몸집이 작았어요. 자기보다 커다란 초식 공룡을 혼자서 사냥하기란 어려운 일이었을 거예요. 그래서 육식 공룡들은 주로 무리를 지어 다니며 사냥했지요.

 두 발로 빨리 달리기

육식 공룡 중에는 두 다리로 서서 다니는 종류가 많았어요. 빨리 달려서 먹잇감을 재빠르게 잡기 위해서였답니다.

 자세히 볼 수 있는 눈

눈앞에 있는 먹이를 자세하고 정확하게 볼 수 있도록 눈이 얼굴 앞쪽에 달려 있었어요.

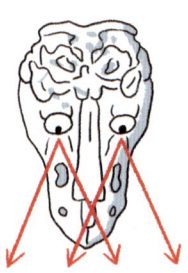

하지만 이런 능력이 있다고 해서 육식 공룡이 항상 사냥에 성공한 것은 아니었어요. 초식 공룡도 몸에 난 뿔이나 가시 같은 무기로 자기 몸을 지켰거든요.

그래서 육식 공룡은 갓 태어난 새끼를 노리는 경우가 많았어요. 다른 공룡의 알을 훔쳐 먹기도 했지요.

공룡이란 무엇일까? • 21

나도 건드리면 화낸다! – 초식 공룡

초식 공룡은 양치식물*이나 열매, 나뭇잎 등을 먹고 살았어요. 초식 공룡의 특징으로는 무엇이 있었을까요?

 뭉뚝한 이빨

초식 공룡은 질긴 식물을 잘 씹기 위해 맷돌처럼 뭉뚝한 어금니를 갖고 있었어요. 또는 다양한 식물을 입에 넣기 좋게 주걱 모양의 이빨을 갖고 있기도 했어요. 심지어 어떤 공룡은 식물을 소화하는 데 도움이 되도록 위장에 돌(위석)을 갖고 있었답니다.

 여유로운 걸음과 긴 목

초식 공룡은 빠르게 움직일 필요가 없었어요. 초식 공룡의 먹이인 식물은 어디로 도망가지 않고 한곳에 가만히 있으니까요. 그래서 네 다리로 천천히 걸어 다니는 공룡이 많았어요.

높은 곳에 있는 나뭇잎을 먹기 위해 목이 길게 발달한 공룡도 많았답니다. 마치 기린처럼 말이에요.

🌟 **양치식물** 고사리처럼 꽃이 피지 않고 홀씨로 번식하는 식물

몸을 지키는 침과 뿔

초식 공룡이 아무리 착해도, 만날 육식 공룡에게 당할 수는 없겠지요? 그래서 초식 공룡의 몸에는 자신을 지킬 무기가 있었어요.

뾰족한 침
스테고사우루스는 꼬리 끝에 아주 길고 뾰족한 침이 나 있어요. 이 침에 맞으면 그 어떤 육식 공룡도 눈물을 찔끔 흘리며 도망칠 수밖에 없답니다.

튼튼한 뿔
트리케라톱스는 눈과 코 위에 세 개의 뿔이 나 있어서 육식 공룡이 나타나면 바로 받아 버렸답니다. 마치 코뿔소처럼요.

단단한 갑옷
안킬로사우루스는 단단한 뼈로 된 갑옷을 온몸에 두르고 있어요. 꼬리에는 곤봉도 달려 있었지요.

 ### 사방을 넓게 볼 수 있는 눈

초식 공룡은 눈이 양옆에 달려 있어 앞뒤, 좌우를 두루 보았지요. 그래서 육식 공룡이 어느 쪽에서 다가오든 빨리 알아차렸답니다.

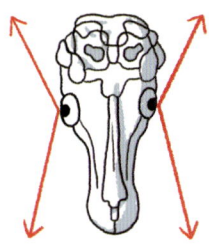

공룡은 왜 사라졌을까?

공룡은 지금으로부터 6천 5백만 년 전에 사라졌어요. 이는 지층을 조사하다 알아낸 사실이지요.

지층은 땅 위에 흙과 모래, 돌 등이 쌓여 만들어지는 것으로, 생명체의 흔적을 담고 있어요. 공룡의 흔적은 6천 5백만 년 전까지의 지층에서만 발견돼요. 그래서 그 뒤에 공룡이 멸종했다고 생각하는 거지요.

중생대에 번성했던 공룡이 갑자기 모두 사라진 이유는 무엇일까요? 아주 오래전이라 무슨 일이 일어났는지 정확히 알 수는 없어요. 하지만 지금까지 연구한 결과, 가장 가능성이 높은 이야기는 '운석 충돌설'이에요. 운석의 충돌과 공룡의 멸종은 무슨 관계가 있을까요?

쾅! 지구에 운석*이 충돌했다!

지금으로부터 6천 5백만 년 전, 중생대 백악기 말에 거대한 운석이 지구에 떨어졌어요. 이 충격으로 지구에 있던 먼지와 흙이 공기 중으로 떠올라 연기와 함께 하늘을 뒤덮었지요.

햇빛이 없으니 기온이 뚝!

구름 낀 날은 해가 구름 뒤로 숨어서 기온이 내려가요. 햇빛이 땅으로 잘 전달되지 않기 때문이에요. 그런데 저 옛날 운석이 충돌했을 때는 흙먼지가 몇 달 동안이나 하늘 전체를 덮고 있었어요. 그래서 지구의 기온이 뚝 떨어졌답니다.

★ **운석** 우주를 떠돌던 물체가 지구 위로 떨어진 것

털이 없어 체온이 뚝!

앞에서 공룡의 몸에는 털이 없다는 이야기를 했지요? 털이 없는 공룡의 몸은 점점 추워지는 날씨에 적응하기 힘들었어요. 햇빛이 사라지자 공룡의 먹이였던 식물과 동물들도 많이 사라졌어요. 결국 공룡은 추위에 적응하지 못하고 먹이도 찾지 못해 하나둘 죽고 말았어요.

공룡의 멸종과 포유류 시대의 시작

포유류는 개나 고양이, 쥐처럼 몸이 털로 덮여 체온이 일정한 동물이에요. 그래서 추운 날씨에도 살아남았어요. 포유류를 위협하던 공룡이 멸종하자 그 수가 많이 늘어났지요.

운석 충돌설의 증거 이리듐층

아무리 그럴듯한 이론이라도 증거가 없으면 받아들일 수 없겠죠? 운석 충돌설에도 증거가 있어요. 바로 세계 곳곳의 지층에서 발견되는 '이리듐층'이에요.

원래 이리듐은 무거운 물질이라 지구 깊은 곳에 가라앉아 있어요. 그래서 지층에는 별로 없고 마그마 속에 많이 있지요. 그런데 전 세계의 지층을 조사해 보니, 신기하게도 6천 5백만 년 전 땅에 이리듐이 굉장히 많이 있었어요. 어떻게 이 시기의 땅에만 이리듐이 많이 쌓여 있었을까요?

학자들은 운석에 이리듐이 포함되어 있었을 거라고 생각해요. 지구와 충돌해 운석이 부서지자, 운석 속에 있던 이리듐은 하늘로 퍼졌어요. 이 물질은 시간이 흐르자 다시 땅 위로 내려와 쌓였지요. 운석이 충돌하지 않았다면 지층에서 이리듐이 많이 발견될 수 없었을 거예요. 이렇듯 이리듐층은 '운석 충돌설'의 증거가 된답니다.

흥미로운 존재, 공룡

공룡의 거대한 몸, 날카로운 이빨, 멋진 꼬리에 감탄한 적이 있나요? 사자나 호랑이도 멋있긴 하지만, 공룡은 그보다 훨씬 크고 강한 생물이었으니 더욱 관심이 가지요. 특히 지금은 살아 있는 공룡의 모습을 볼 수 없기 때문에 더욱 궁금하고 흥미로워요.

오늘날 우리가 알고 있는 공룡의 모습은 남겨진 뼈와 발자국 등을 바탕으로 추론한 거예요. 그래서 실제 공룡의 모습과 똑같다고 말할 수는 없어요. 이렇게 알 듯 모를 듯한 공룡의 이야기는 학자들은 물론 많은 사람들의 관심을 끌지요.

공룡의 멸종은 지구상에 영원한 주인은 없다는 교훈을 줘요. 오랜 시간 동안 지구를 지배한 공룡도 기후에 적응하지 못해 영원히 사라졌으니까요. 공룡을 연구하다 보면 미래를 항상 주의 깊게 살피고 위험에 대비해야 한다는 깨달음도 얻게 돼요.

공룡이란 무엇일까?

공룡이란?

무서울 공   용(파충류) 룡

'무서운 파충류'라는 뜻

- 중생대(트라이아스기~백악기)에 지구에 살았던 파충류
- 특징 : 건조하고 거친 피부, 똑바로 선 몸, 알에서 태어남
- 익룡과 어룡은 공룡이 아님

육식 공룡과 초식 공룡의 차이

	육식 공룡	초식 공룡
먹이	다른 동물, 알	양치식물, 열매, 나뭇잎
생김새	날카로운 이빨, 강한 턱, 얼굴 앞쪽에 달린 눈	뭉뚝한 이빨, 긴 목, 얼굴 양옆에 달린 눈
걸음걸이	대부분 두 발로 빨리 달림	대부분 네발로 여유롭게 걸음
기타 특징	사냥을 하기 위해 무리 생활을 함	침과 뿔 등 몸을 지키는 무기

공룡이 사라진 이유

- 6천 5백만 년 전 멸종
- 가장 가능성이 높은 가설 : 운석 충돌설

운석 충돌설이란?

① 백악기 말 지구에 거대한 운석이 충돌함

② 운석 충돌로 먼지와 연기가 하늘을 뒤덮음

③ 햇빛이 없어 기온이 내려감

④ 공룡들은 털이 없어 추위에 적응하지 못함

⑤ 먹이까지 부족해지자 결국 멸종함

⑥ 몸에 털이 있는 포유류의 시대가 시작됨

슈퍼스타 공룡들

공룡은 1억 6천만 년 동안 1,000여 종의 다양한 종류가 살았어요. 그중 유명한 공룡들을 알아볼까요?

내가 영화 〈쥬라기 공원〉의 주인공이었어!

중생대의 폭군 | 티라노사우루스

아마 지구에 나타난 육식 동물 중 가장 강하고 무서운 동물일 거예요. 머리 크기만 해도 1.5미터였고 몸길이는 10~14미터로, 4층 건물 정도였어요. 뾰족한 이빨과 강한 턱뼈를 가지고 있었지요.

천둥 공룡 | 브론토사우루스

몸이 매우 커서 걸을 때마다 천둥소리가 났을 거 같다 해서 천둥 공룡, 즉 브론토사우루스라고 불린답니다. 몸길이는 20미터가 넘고, 몸무게도 30톤 정도였어요. 몸집은 커다래도 온순한 초식 공룡이랍니다.

공룡을 외모로 판단하지 마. 난 매우 순했거든.

세 개의 뿔 ｜ 트리케라톱스

트리케라톱스는 '얼굴에 세 개의 뿔이 있다'는 뜻이에요.
이마에 있는 뿔은 무려 1미터였다고 하니, 거의 어린이 키만 했지요.
앵무새 부리처럼 생긴 입과 가위처럼 발달한 이빨을
이용해 질긴 식물을 잘 먹었다고 해요.

> 평소엔 순하지만,
> 날 괴롭히면 뿔로
> 들이받을 거야!

날쌘 도둑 ｜ 벨로키랍토르

'날쌘 도둑'이라는 뜻의 이름을 가진 벨로키랍토르는 육식 공룡이었어요.
그러나 몸길이가 1.8미터밖에 안 되는 작은 공룡이라 사냥을 하기 어려웠어요.
그래서 학자들은 벨로키랍토르가 똑똑했을 거라고 추측해요.
혼자 사냥할 수 없고 무리 지어 다녔어야 하니, 협동하는 능력이나
작전을 짜는 능력도 있었을 거예요.

> 날카로운 발톱으로
> 먹잇감을 콕콕 찍어 잡았지.

- 고생물의 흔적, 화석
- 오래전 이야기를 들려주는 화석
- 화석이 되는 길은 쉽지 않아
- 화석이 발견되는 돌 – 퇴적암
- 유명한 화석들

한눈에 쏙 – 화석이란 무엇일까?
한 걸음 더 – 흔적 화석 만들기

고생물의 흔적, 화석

혹시 자연사 박물관에 가서 공룡의 뼈나 알을 본 적이 있나요? 그렇다면 여러분은 이미 화석을 본 거예요.

화석은 지질 시대에 살았던 생물의 뼈나 흔적을 뜻해요. 쉽게 말해서, 아주 먼 옛날에 살았던 생물의 뼈나 흔적들이 굳어 지금까지 남아 있는 것이랍니다.

화석의 특징

 지질 시대의 생물이다!

옛날에 살았던 생물을 모두 화석이라고 할 순 없어요. 화석은 반드시 '지질 시대'의 생물이어야 하지요. (지질 시대가 어떤 시대인지 잊어버렸다고요? 그럼 18쪽으로 돌아가 봐요.) 지질 시대에 살았던 생물을 부르는 말이 바로 '고생물'이에요.

예를 들어 신라 시대에 살던 소가 죽어서 그 흔적이 발견되었다면 어떨까요? 천 년 전 생물의 흔적이지만, 지질 시대의 생물이 아니므로 화석이라고 부르지는 않는답니다.

2 자연스럽게 생긴 것이다!

사람의 힘으로 일부러 만든 것은 화석이 될 수 없어요. 대표적으로 미라가 있지요.

미라는 죽은 사람이나 동물의 몸에 화학 약품을 사용하여 썩지 않게 처리한 거예요. 그래서 원래 모습에 가깝게 남아 있지요.

옛날 이집트에서는 왕이나 귀족을 미라로 만들어 남겨 놓았어요. 미라는 화석은 아니지만, 옛날 사람들의 생활 모습이나 문화 등을 알려 주는 아주 귀중한 자료랍니다.

3 흔적도 가능하다!

보통 '화석'이라고 하면 뼈나 몸체를 생각하지만, 생물의 흔적도 화석이 될 수 있어요. 공룡의 알이나 똥, 발자국같이 생물이 남긴 흔적도 화석이지요.

공룡알 화석

공룡 발자국 화석

오래전 이야기를 들려주는 화석

사람들은 왜 이렇게 오래된 화석을 연구하는 걸까요? 물론 화석을 연구하는 것은 아주 재미있는 일이죠. 지금은 살아 있지 않은 신기하고 거대한 생물의 모습을 보면 누구나 감탄할 거예요.

그러나 재미만을 위해서였다면 연구의 가치는 낮았을 거예요. 화석은 우리에게 중요한 이야기를 들려준답니다.

처음에 신기해서 호기심으로 살펴봤는데, 연구하면 할수록 많은 정보를 알려 주더구나.

고생물에 대해 알려 주는 화석

옛날 사람들은 지구상의 모든 생물들이 다 비슷한 시기에 나타났다고 생각했어요. 그리고 예전이나 지금이나 생물의 종류에는 큰 차이가 없다고 생각했죠.

하지만 화석이 발견되자, 그것이 잘못된 생각이라는 것을 알게 되었어요. 화석을 연구하면서 사람들은 '우리가 상상했던 것보다 훨씬 전부터 지구에 생물이 살았다는 것', '생물은 굉장히 오랜 세월 동안 조금씩 모습이 바뀌어 왔다는 것', '공룡처럼 우리가 보지 못한 생물들이 많았다는 것'을 알게 되었답니다.

화석이 없었다면 사람들이 우리를 몰랐을 거야!

지층의 시대에 대해서도 알려 주는 화석

땅속에 흙이 여러 층으로 쌓여 있는 것을 지층이라고 해요. 지층에는 죽은 생물도 쌓이기 때문에 화석이 발견돼요.

화석을 연구하면 이러한 지층들이 각각 언제 쌓인 것인지 알 수 있어요. 어떻게 아는지 궁금하다고요?

예를 들어 볼게요. 어떤 지층에서 공룡의 화석이 발견되었다면 그 지층은 언제 생긴 지층일까요? 공룡은 중생대에 살았던 생물이니까, 그 지층 또한 중생대에 쌓인 것이라고 추측할 수 있겠지요.

화석이 되는 길은 쉽지 않아

　박물관에 전시된 거대한 공룡 뼈 화석은 대부분 진짜가 아닌 가짜, 즉 모형인 경우가 많아요. 왜 모형을 전시해 놨냐고요? 사실 거기엔 안타까운 이유가 있답니다.

　공룡의 뼈 화석은 굉장히 비싸요. 쉽게 구할 수 없는, 아주 귀한 물건이기 때문이에요. 그런데 누군가 실수로 전시물을 건드려서 화석이 부서지면 어떻게 될까요? 그건 박물관뿐만이 아니라 국가적으로도 세계적으로도 엄청난 손해일 거예요.

　또한 공룡 뼈 화석은 과학자들이 연구해야 하는 좋은 자료예요. 그런데 박물관에 온종일 전시되어 있다면 연구할 수 없겠죠?

　그래서 진짜 화석은 연구실이나 보관소에 두고, 박물관에는 비슷하게 만든 모형을 놓는 경우가 많답니다.

화석이 되려면 어떤 조건이 필요할까?

 빨리 땅에 묻힐 것!

길을 걷다가 죽어 있는 곤충을 본 적 있나요? 그럼 죽은 곤충을 데려 가려는 개미 떼의 모습은요? 보통 생물이 죽으면 미생물이나 벌레들이 그 죽은 생물을 먹어서 흔적도 없이 사라지지요.

그건 지질 시대에도 마찬가지였어요. 그래서 화석이 되려면 빨리 땅속에 묻혀야 했지요. 그렇지 않으면 금세 다른 생물의 먹이가 되어 사라지거나, 썩어 없어졌을 테니까요.

따라서 수많은 생물 중 빨리 땅속 깊은 곳에 묻힌 생물들만이 수억 년의 세월을 지나 우리에게 발견된 것이랍니다.

 단단한 부분이 있을 것!

지금까지 발견된 화석들은 대부분 뼈나 알처럼 단단한 것들이에요. 왜 단단한 것이 주로 화석이 되었을까요?

그 이유는 피부나 살처럼 부드러운 부분은 미생물이나 벌레들이 먹기 좋기 때문이에요. 또한 부드러운 부분은 공기 중에서 쉽게 썩어 화석으로 변하기 어려웠어요.

그래서 단단한 부분이 있어야 화석이 될 수 있었답니다.

시베리아에서 발견된 매머드 화석

동굴 벽화에 그려진 매머드 모습

코끼릿과의 동물인 매머드는 4만 년 전부터 1만 년 전까지 살았던 동물이에요. 지금은 살지 않는 동물이라 공룡과 마찬가지로 만날 수 없지요.

하지만 이 동물의 원래 모습을 확인할 수 있는 방법이 있어요. 바로 화석을 통해서예요. 화석이 발견된 덕분에 우리는 '매머드' 하면 어렵지 않게 긴 코와 상아, 수북한 털을 떠올릴 수 있어요.

특히 2007년에 러시아 시베리아에서 발견된 어린 매머드의 화석은 큰 이야깃거리가 되었어요. 공룡처럼 뼈만 남아 있는 게 아니라 살과 털, 이빨까지 남아 있었거든요. 이 매머드는 어떻게 원래의 모습 그대로 우리 앞에 나타날 수 있었을까요?

바로 매머드가 굉장히 추운 곳에서도 살 수 있었기 때문이에요. 냉동실에 있는 음식은 오랫동안 썩지 않지요? 마찬가지로 화석이 된 어린 매머드도 죽은 뒤 시베리아에서 꽁꽁 얼었기 때문에 원래 모습을 그대로 지닐 수 있었답니다.

4만 2천 년 전에 시베리아에서 살았던 아기 매머드 류바

화석이 발견되는 돌 - 퇴적암

화석은 지층에서 발견돼요. 지층은 자갈이나 모래, 진흙 등이 쌓여서 마치 샌드위치처럼 층을 이루고 있지요.

왼쪽 사진은 지층의 모습을 뚜렷하게 보여 줘요. 겹겹이 쌓인 층의 모습이 보이지요?

한편, 퇴적암은 자갈, 모래, 진흙 등이 쌓여 굳어진 '돌'을 가리켜요.

화석이 되려면 죽은 생물이 호수나 바다 바닥에 쌓이고 그 위로 자갈, 모래, 진흙 등이 쌓여야 해요. 그래서 대부분의 화석은 퇴적암에서 발견된답니다.

돌 중에는 마그마가 굳어서 생긴 '화성암'이나, 기존의 돌이 열이나 압력을 받아 변한 '변성암'도 있어요. 만약 화석이 있는 퇴적암이 뜨거운 열에 의해 녹아서 마그마가 되고, 다시 그 마그마가 식어 화성암이 된다면 어떨까요? 그 속에 화석이 남아 있지 않겠지요? 변성암처럼 강한 압력을 받아 찌그러져도 화석의 모습이 온전히 남아 있기 어려울 거예요.

그래서 화성암이나 변성암에서는 화석이 발견되기 어려워요. 이것이 바로 화석이 퇴적암에서 주로 발견되는 이유랍니다.

돌(암석)의 종류는 생성 과정에 따라 크게 퇴적암, 화성암, 변성암으로 나뉜단다.

유명한 화석들

앞에서는 주로 공룡 화석 이야기를 많이 했어요. 하지만 화석에는 공룡만 있는 것이 아니에요. 공룡은 지질 시대에 살았던 수많은 생물 중 하나거든요. 그럼 공룡이 아닌 다른 화석으로는 어떤 것들이 있을까요?

고생대의 귀요미 - 삼엽충

대표적인 화석 중 하나인 삼엽충은 고생대 생물로, 전 세계 바닷속에 살았어요. 크기도 무척 다양해서 1밀리미터 정도로 작은 것부터 무려 72센티미터 정도로 큰 것까지 있었다고 해요. 삼엽충은 몸통이 왼쪽, 가운데, 오른쪽 세 부분으로 뚜렷하게 나뉘어 있어 삼엽충으로 불린답니다.

앵무조개의 형제 - 암모나이트

왼쪽은 암모나이트 화석, 오른쪽은 현재 살고 있는 앵무조개라는 바다 생물이에요. 둘이 무척 닮았지요? 이 둘은 같은 조상을 가지고 있을 가능성이 크대요. 둘 다 고생대에 처음 나타나 공룡이 살았던 중생대에 번성했어요. 중생대가 끝날 때 암모나이트는 공룡들처럼 멸종했지요.

암모나이트 화석   앵무조개

화석만 남아 있는 암모나이트와 달리, 앵무조개는 살아남았어요. 현재도 바닷속을 유유히 헤엄치며 잘 살고 있답니다.

나무일까, 돌일까? - 규화목

규화목이란 나무가 땅속에 묻혀 있는 동안, 돌 성분이 흘러들어 굳어진 뒤 돌처럼 단단해진 것을 말해요. 언뜻 보면 나무처럼 보이지만, 직접 만져 보면 단단해요. 돌처럼 반짝거리기도 한답니다.

아마 돌 성분 없이 나무만 묻혀 있었다면 이미 썩어서 지금까지 남아 있기 어려웠을 거예요. 돌 성분이 들어갔기 때문에 지금까지 보존된 것이랍니다.

TIP 살아 있는 화석

지질 시대에 살았던 생물 중에는 멸종한 것도 있지만, 지금까지 살고 있는 생물들도 있어요. 그러한 생물들을 살아 있는 화석이라고 불러요. 앵무조개, 실러캔스, 잠자리, 모기, 은행나무 등이 있답니다.

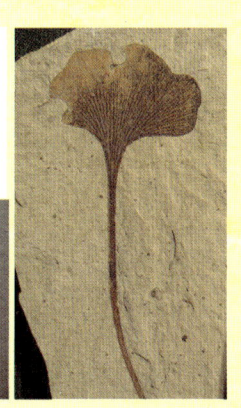

실러캔스

모기 화석　　　잠자리 화석　　　은행잎 화석

화석이란 무엇일까?

화석이란?
- 지질 시대에 살았던 고생물의 뼈나 흔적

화석의 특징
- 지질 시대의 생물일 것
- 인위적으로 만들지 않고 자연스럽게 생긴 것
- 공룡의 알, 똥, 발자국처럼 생물이 남긴 흔적도 화석

화석 연구의 가치
- 지질 시대에 어떤 생물이 어떻게 살았는지 알려 줌
- 지층이 쌓인 시기에 대해서도 알려 주어 중요한 연구 자료가 됨

화석이 되기 위해 필요한 조건
- 생물이 죽어 화석으로 남으려면 몇 가지 조건이 필요함
  ① 죽은 뒤 빨리 땅에 묻혀야 함
  ② 몸에 단단한 부분이 있어야 함
    ⋯ 오랫동안 썩지 않고 화석으로 변하기에 좋음

화석이 발견될 수 있는 돌 – 퇴적암

- 화석은 자갈, 모래, 진흙 등이 쌓여 굳어진 '퇴적암'에서 발견됨
- 마그마가 굳어서 생긴 '화성암'이나, 암석이 열이나 압력을 받아 변한 '변성암'에서는 화석이 발견되기 어려움
  ⋯ 높은 열이나 압력에서는 화석이 모습을 간직하고 남아 있기 어렵기 때문임

유명한 화석

- 삼엽충 : 전 세계 바닷속에 살았던 고생대 생물, 몸이 세 부분으로 나뉘어 '삼엽충'으로 불림
- 암모나이트 : 앵무조개와 비슷한 생물이나 중생대 말에 멸종
- 규화목 : 땅속에 묻힌 나무에 돌 성분이 흘러들어 굳어진 후 돌처럼 단단해진 나무 화석

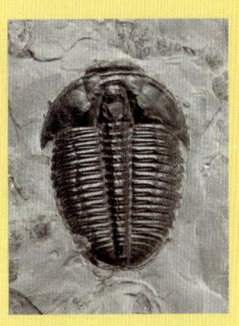

살아 있는 화석

- 지질 시대에 살았던 생물 중 멸종하지 않고 지금까지 살고 있는 생물
- 대표적인 생물 : 앵무조개, 실러캔스, 잠자리, 모기, 은행나무 등

한 걸음 더!

흔적 화석 만들기

앞에서 배운 화석들은 공룡의 뼈나 알처럼 대개 생물의 일부가 남은 화석들이었어요. 하지만 맨 처음에 말했던 화석의 정의를 다시 떠올려 보세요. 발자국처럼 '흔적'만 남아 있어도 화석이라고 했지요? 그렇다면 흔적 화석은 어떻게 만들어진 걸까요? 우리가 직접 만들어 봐요.

준비물
알지네이트, 석고, 종이컵 2개, 나무젓가락, 열쇠고리 줄, 클립, 철사

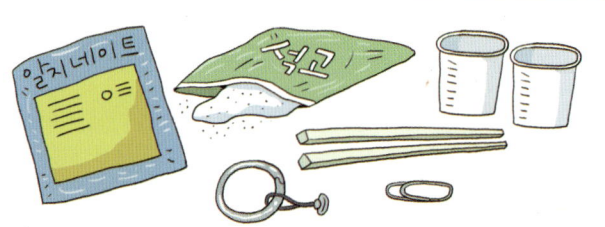

❶ 종이컵에 알지네이트 20그램과 물 50밀리리터를 넣고, 잘 저어서 반죽을 만듭니다.

❷ 반죽이 완성되면 손가락을 넣고, 굳을 때까지 2~3분 정도 기다립니다.
잠깐! 움직이면 모양이 망가질 수 있으니 주의해요.

❸ 반죽이 굳은 뒤, 손가락을 빼면 흔적 화석의 틀이 만들어집니다.

❹ 다른 종이컵에 석고를 3분의 1 정도 넣고, 물을 조금씩 부으면서 걸쭉하게 될 때까지 나무젓가락으로 저어 주세요.

❺ 알지네이트가 굳어 있는 ❸에서 만든 화석 틀에 걸쭉해진 석고를 살살 부어 넣습니다.

❻ 석고에 클립을 깊이 넣되, 끝에 5밀리미터만 남겨 둬요. 클립을 철사에 걸고 굳을 때까지 기다립니다. 석고가 충분히 걸쭉하면 철사에 걸지 않아도 빠지지 않아요.

❼ 석고가 굳은 뒤 그림과 같이 빼면 손가락 화석 완성!

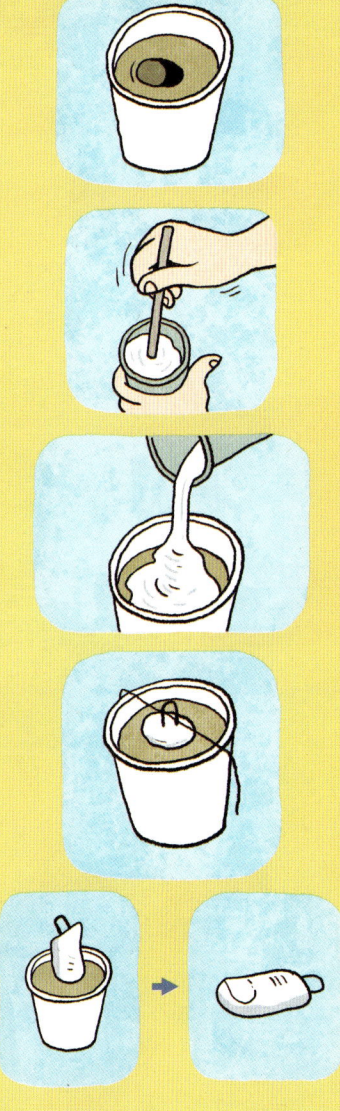

어때요? 잘 만들어졌나요? 이처럼 실제로도 죽은 생물이 있던 자리에 여러 물질이 들어가고 굳어서, 흔적 화석이 만들어진 것이랍니다.

- 석탄과 석유가 생물이었다고?
- 화석 연료의 문제점
- 화석이 아닌 연료들

한눈에 쏙 - 화석 연료의 빛과 어둠

한 걸음 더 - 지구 온난화와 멸종 위기 동물

 ## 석탄과 석유가 생물이었다고?

세상에 자동차가 없다면 어떤 일이 벌어질까요? 조선 시대에는 서울에서 부산까지 걸어서 한 달이나 걸렸대요. 친구가 부산에 있다면, 몇 년에 한 번 볼까 말까 했겠죠?

자동차와 기차, 비행기가 발명되면서 온 세상이 매우 가까워졌어요. 이제는 부산이 아니라, 지구 반대편이라고 해도 하루 만에 갈 수 있지요. 이러한 탈것들을 움직이는 것이 석탄, 석유 같은 화석 연료랍니다.

연료가 된 생물

석탄과 석유가 옛날엔 생물이었다는 것을 알고 있나요? 석탄은 식물이었고, 석유는 바다에 살던 생물이었어요. 오래전에 있던 생물이 죽고 변해서 지금의 석탄과 석유가 된 거예요.

석탄과 석유는 옛날에 살던 생물의 흔적이지만, 화석이라고 하기엔 모습이 너무 많이 변했어요. 또 화석으로 연구하는 것보다 연료로 사용할 때의 가치가 더 크지요. 그래서 '화석 연료'라고 해요.

화석 연료에는 석탄, 석유 말고도 천연가스와 오일 샌드가 있어요. 그럼 화석 연료의 종류와 특징에 대해 더 자세히 알아볼까요?

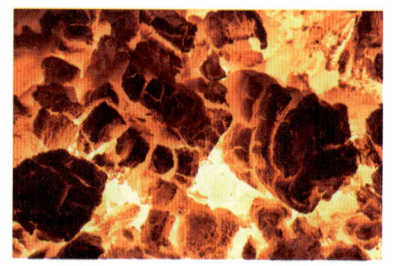

화석 연료의 종류

불타는 돌 '석탄'

석탄은 원래 석유보다 더 많이 사용되던 화석 연료예요. 18세기 영국에서 산업 혁명이 일어나자, 사람들은 '증기 기관'이라는 기계를 돌리기 위해 석탄을 연료로 사용했어요. 이때부터 화석 연료의 시대가 시작되었어요. 말이나 소 같은 동물의 힘 대신 화석 연료를 이용하게 된 것이니까요.

석탄은 어떻게 만들어졌을까요? 석탄은 지질 시대의 식물들이 땅에 묻혔다가 열과 압력을 받아 까맣게 변한 돌이에요. 식물에서 산소와 수소가 빠지고, '탄소'라는 물질이 많아져 까만 석탄으로 변했어요.

석탄이 가장 많이 만들어진 시기는 고생대라고 해요. 고생대 중에서도 특히 석탄이 많이 만들어진 시기를 아예 '석탄기'라고 부르기도 해요.

석탄은 연탄으로 만들어 이용하거나 화력 발전소나 공장의 연료로 사용해요. 하지만 환경 오염과 지구 온난화를 일으켜 문제가 돼요.

석탄을 캐는 광산을 탄광이라고 한단다.

불타는 액체 '석유'

석유는 죽은 동물의 몸이나 바다에 살던 미생물이 땅속에 묻혀서 오랜 시간 동안 열과 압력을 받아 변한 물질이에요. 분해가 많이 일어나, 고체인 석탄과 달리 액체 상태가 되었지요.

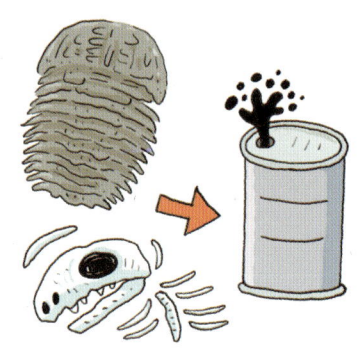

처음에 사람들은 석유를 별로 사용하지 않았어요. 액체라서 다른 곳으로 옮기기도 불편하고, 캐내기도 어려웠거든요. 하지만 석유를 연료로 쓰는 자동차의 수가 늘어나자 석유를 많이 사용하게 되었어요.

이 밖에도 석유는 우리 생활에 필요한 여러 물건을 만드는 데 쓰여요. 옷을 만드는 나일론, 설거지할 때 쓰는 합성 세제, 도로에 까는 아스팔트까지, 많은 곳에 사용되지요. 그러니 석유의 가치는 매우 크겠지요?

모래사막으로 뒤덮인 중동의 나라들이 부자가 될 수 있었던 것도 모두 석유 덕분이랍니다. 하지만 석유도 석탄과 마찬가지로 환경 오염, 지구 온난화를 일으키므로 아껴 써야 해요.

석유를 찾기 위해 땅속을 조사 중인 모습

석유는 쓰임새가 다양하지만, 환경 오염과 지구 온난화를 일으키는 문제가 있지.

불타는 기체 '천연가스'

천연가스는 보통 석유와 함께 발견되는 가스예요. 음식물 쓰레기통 주변에 가면 고약한 냄새가 나지요? 이는 음식물이 썩을 때 생기는 가스 때문이에요. 마찬가지로 고생물이 썩어 석유가 될 때도 가스가 생겼어요.

음식물에서 생기는 가스는 양이 너무 적어 별로 쓸모가 없어요. 하지만 거대한 석유층에서 발생하는 가스의 양은 매우 많으므로 이용할 수 있답니다.

천연가스는 도시가스, 버스 연료, 발전소 연료 등으로 쓰여요. 다른 화석 연료보다 환경 오염 물질이 훨씬 적다는 장점도 있답니다.

기름 묻은 모래 '오일 샌드'

오일 샌드는 이름 그대로 기름(oil 오일)이 모래(sand 샌드)나 셰일*에 들어 있는 거예요. 많이는 아니고 보통 10% 정도의 기름이 섞여 있지요.

사람들은 예전부터 오일 샌드의 존재를 알고 있었지만, 섞여 있는 기름의 양이 적었기 때문에 사용할 생각을 하지 않았어요. 하지만 요즈음에는 석유값이 비싸져, 너도나도 오일 샌드를 개발하기 시작했답니다.

⭐ **셰일** 진흙이 굳어져 생긴 암석

화석 연료의 문제점

화석 연료는 우리 생활에 없어서는 안 될 물질이에요. 오늘날 전 세계에서 사용하는 에너지 가운데 화석 연료가 가장 많이 쓰이고 있어요. 원자력 에너지나 태양 에너지 등 다른 에너지는 화석 연료 사용 비율의 반도 되지 않아요. 화석 연료가 없다면 겨울에 따뜻한 곳에서 음식도 못 먹고, 자동차도 못 타고 다닐 거예요.

그런데 화석 연료 때문에 생기는 문제도 있어요. 사실 현대인들은 화석 연료의 문제점으로 골치가 아프답니다. 어떤 문제가 있는지 알아볼까요?

사람의 건강을 해치는 환경 오염

석탄이나 석유에는 황이라는 성분이 들어 있어요. 성냥에 불을 붙일 때 쓰는 유황과 같은 물질이죠. 황은 인체에 해롭고, 불이 붙으면 산소와 만나 '이산화황'이라는 기체를 만들어요.

이산화황은 각종 질병을 일으키는 나쁜 물질이에요. 특히 비가 내릴 때 빗물에 섞이면 산성비가 되고, 대기에 섞이면 하늘을 뿌옇게 만드는 미세 먼지가 되지요.

산성비는 물을 산성으로 변화시키고 숲을 마르게 해요. 미세 먼지는 눈과 폐 등 우리 몸을 아프게 하죠.

남극과 북극의 얼음이 녹고 있어! 지구 온난화

　지구 온난화는 지구가 더워지는 현상이에요. 화석 연료를 사용할 때 나오는 이산화탄소는 지구를 덥게 만들어요.

　최근 약 100년 사이에 지구의 온도가 0.8도 정도 올랐대요. 0.8도가 별거 아닌 것 같나요? 교실 온도가 0.8도 오르면 우리는 그 차이를 별로 못 느낄 거예요. 하지만 지구 전체의 온도가 0.8도가 오르는 것은 매우 엄청난 일이에요. 남극과 북극의 얼음이 조금씩 녹기 때문이지요.

　남극과 북극의 얼음이 녹아서 바닷물의 양이 늘자, 지구에는 큰 변화가 생겼어요. 바닷물의 높이가 점점 올라 작은 섬들이 물에 잠기기 시작했지요.

　남태평양 한가운데 있는 투발루는 아홉 개의 섬으로 이루어진 나라예요. 지상 낙원이라고 불릴 정도로 아름다운 이 섬은 지구 온난화 때문에 점점 잠겨 가고 있어요. 이미 두 개의 섬이 사라져 버렸답니다.

지구 온난화 때문에 지구가 꽁꽁 언다고?

영화 <투모로우>를 아나요? 지구 온난화 때문에 기후가 변해서 미국과 유럽이 얼어붙는다는 내용이에요. 지구 온난화는 지구가 더워지는 현상인데, 왜 오히려 추워진 걸까요? 이해가 잘 가지 않을 거예요.

아래 지도 속 화살표는 바닷물의 흐름, 곧 해류(海^{바다 해}流^{흐를 류})를 표시한 것이에요. 빨간색으로 표시된 해류는 보다시피 적도 지역의 따뜻한 물을 남극과 북극 근처로 옮겨 주고 있어요. 이런 해류를 더운흐름, 난류라고 해요. 난류 덕분에 미국 동부와 유럽은 같은 위도에 있는 다른 나라들보다 겨울에 더 따뜻하답니다.

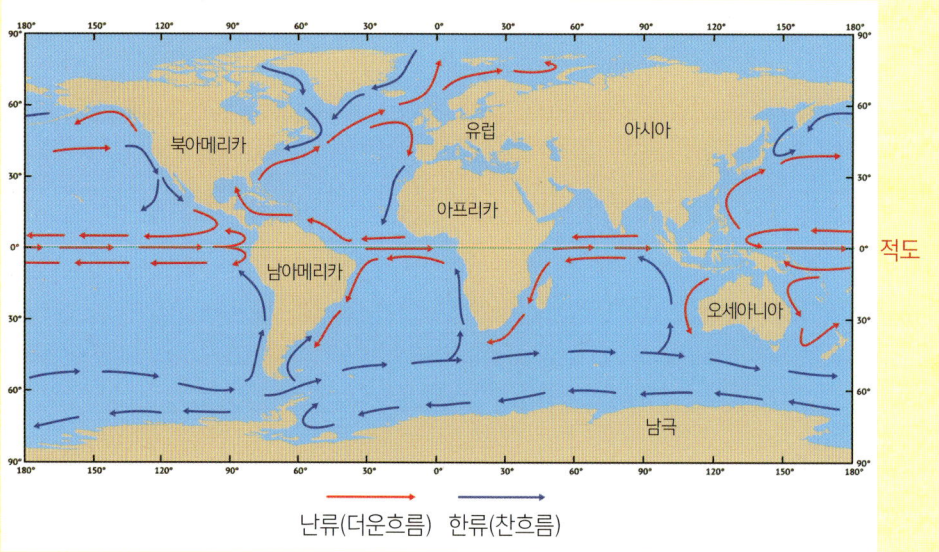

그런데 만약 지구 온난화 때문에 북극의 얼음이 녹아서 해류에 영향을 주면 어떻게 될까요? 난류가 제대로 흐르지 못하게 될 거예요. 난류가 따뜻하게 해 주지 못하면 미국과 유럽은 어떻게 될까요? 점점 추워지겠지요!
이렇듯 지구 온난화의 영향은 매우 커요. 단순히 "따뜻해지면 좋은 거 아니야?"라고 생각하면 절대 안 돼요!

화석이 아닌 연료들

앞에서 살펴본 화석 연료는 우리 생활에 꼭 필요한 자원이지만, 환경 오염과 지구 온난화를 일으킨다는 문제점이 있어요. 또한 계속 쓰다 보면 언젠가는 바닥날 거예요. 그래서 우리는 화석 연료 대신 사용할 연료를 찾아서 개발해야 해요. 다른 연료에는 어떤 것이 있을까요?

원자력 에너지

원자력 에너지는 화석 연료와 함께 현대의 주된 에너지예요. '우라늄'이라는 물질의 핵이 쪼개질 때 생기는 엄청난 에너지를 생활에 이용하는 것이지요.

현재 우리나라 전기의 약 30%는 원자력 에너지를 이용해 만들고 있어요. 가격이 싸고, 화석 연료를 쓸 때보다 환경 오염도 덜 돼서 많이 사용하고 있지요.

그러나 원자력 에너지에도 문제점이 있어요. 원자력 발전소에 사고가 나면 매우 위험하다는 거예요. 큰 지진이 나서 발전소의 주요 시설이 부서지기라도 한다면, 위험한 방사능이 흘러나와 사람들이 질병에 시달릴 수 있답니다.

이런 위험성 때문에 전 세계적으로 원자력 발전소를 줄여 나가면서, 더 안전한 시설을 갖출 수 있도록 연구하고 있어요.

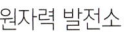

원자력 발전소

태양 에너지

태양 에너지는 지구에 살고 있는 모든 생명체에게 없어서는 안 되는 에너지예요. 햇빛을 쬐어 사람은 비타민 D를 얻고, 식물은 영양분을 만들지요.

과학 기술이 발달하면서 태양 에너지를 활용해 전기도 만들기 시작했어요. 태양 전지를 이용해 햇빛을 전기로 만드는 거예요.

태양 전지를 건물 옥상이나 땅에 설치해 두면 전기가 생겨요. 연료도 필요하지 않고, 위험한 물질도 다루지 않고, 환경 오염도 생기지 않지요. 아주 훌륭한 에너지 아닌가요? 그런데 왜 세상 사람들은 당장 모든 발전소를 태양 전지 발전소로 바꾸지 않을까요?

그 이유는 태양 전지 발전소를 세우는 데 많은 비용이 들기 때문이에요. 또한 태양이 안 보이는 깜깜한 밤이나 흐린 날에는 전기를 만들 수 없어서예요.

이런 이유로 태양 에너지는 아직까지 활발히 사용되지 못하고 있어요. 하지만 과학이 발달하면 곧 많은 사람들이 사용할 수 있을 거예요.

태양 전지

풍력 에너지

풍력 에너지는 바람이 거대한 풍차를 돌리는 힘을 이용하여 전기를 만드는 방식이에요. 태양 에너지처럼 연료도 필요 없고, 환경 오염도 생기지 않아요. 화석 연료와 달리 영원히 쓸 수 있지요. 그래서 태양 에너지와 함께 미래의 에너지로 많은 관심을 받고 있어요.

하지만 풍력 에너지도 아직은 많이 쓰이지 않아요. 바람이 항상 부는 것이 아니라서 에너지를 충분히 얻을 수 없기 때문이에요.

또 굉장히 거대한 풍차를 여러 개 세워야 하기 때문에 적절한 장소가 없으면 발전소조차 만들 수 없답니다.

풍차

화석 연료의 빛과 어둠

화석 연료란?
- 고생물이 죽고 변해서 연료가 된 것
- 오늘날 전 세계에서 가장 많이 사용하는 연료

화석 연료의 종류

	석탄	석유	천연가스	오일 샌드
뜻	땅에 묻힌 식물들이 까맣게 변한 돌	죽은 생물이 열과 압력을 받아 변한 액체	보통 석유와 함께 발견되는 가스	석유가 모래나 셰일에 들어 있는 것
특징	산업 혁명 때 증기 기관을 돌리기 위해 사용	자동차의 연료로 쓰이면서 사용량 늘어남	화석 연료 중 환경 오염 물질이 가장 적음	석유값이 비싸지자 개발하기 시작
이용	연탄, 공장 연료, 화력 발전소 등	나일론, 합성 세제, 아스팔트, 자동차 연료 등	도시가스, 버스 연료, 발전소 등	나일론, 합성 세제, 아스팔트, 자동차 연료 등

화석 연료의 문제점

- 환경 오염, 지구 온난화, 바닷날 가능성
- 환경 오염 : 사람의 건강을 해침, 산성비와 미세 먼지를 만듦
- 지구 온난화 : 남극과 북극의 얼음이 녹음, 작은 섬들이 바다에 잠김

화석이 아닌 연료들

- 화석 연료의 문제점 때문에 다른 연료를 찾고 개발해야 함

	원자력 에너지	태양 에너지	풍력 에너지
방법	우라늄의 핵이 쪼개질 때 생기는 엄청난 에너지를 이용	태양 전지를 이용해 햇빛을 전기로 만듦	바람이 거대한 풍차를 돌리는 힘을 이용하여 전기를 만듦
장점	• 가격이 싸고 환경 오염도 덜 됨 • 현재 우리나라 전기의 약 30%를 만듦	연료도 필요하지 않고, 위험한 물질도 다루지 않으며 환경 오염도 생기지 않음	
단점	사고로 방사능이 흘러나오면 위험함	• 발전소를 세우는 데 많은 비용이 듦 • 밤이나 흐린 날에는 전기를 만들 수 없음	• 발전소를 세울 장소를 찾기 어려움 • 바람이 불지 않으면 전기를 만들 수 없음

한 걸음 더!

지구 온난화와 멸종 위기 동물

멋지고 신비로운 중생대의 동물, 공룡! 멸종하지 않았다면 지금도 공룡의 모습을 직접 볼 수 있을 텐데, 참 아쉬워요.

그런데 여러분, 지금 우리 곁에 살고 있는 여러 동물들이 지구 온난화 때문에 멸종 위기에 놓여 있다는 사실을 알고 있나요?

화석 연료 때문에 생기는 지구 온난화는 섬을 잠기게 할 뿐만 아니라 여러 동식물의 삶도 위협하고 있답니다.

추운 곳에 사는 동물이 위험해!

지구 온난화는 추운 곳에 사는 동물들의 서식지를 파괴해요. 그중 대표적인 두 동물을 만나 봐요.

북극곰

북극곰은 지구 온난화로 피해를 입은 대표적인 동물이에요. 북극의 얼음이 녹으면서 사냥할 곳과 쉴 곳이 점점 줄어들고 있기 때문이지요. 먹이를 제대로 먹지 못한 북극곰은 임신을 하기도 힘들어요. 그래서 북극곰의 수는 점점 줄고 있답니다.

아가, 조심하렴!

눈표범

이제 어디가서 살지?

중앙아시아 산악 지역에 살고 있는 털이 흰 표범이에요. 높고 추운 산에서만 사는 동물이랍니다. 신비롭고 아름다운 털이 비싼 값에 팔려, 밀렵꾼에게 위협을 당해 왔지요. 지금은 지구 온난화로 사는 곳마저 빼앗기고 있어요.

따뜻한 곳에 사는 동물도 위험해!

따뜻한 곳에 사는 동물도 지구 온난화로 피해를 입고 있답니다. 대체 무슨 일일까요?

먹이가 줄고 있어!

푸른바다거북

따뜻한 바다에 사는 푸른바다거북의 알은 온도에 따라 암컷, 수컷이 결정돼요. 적정한 온도에서는 암컷과 수컷이 1 대 1의 비율로 태어나지요. 그런데 지구 온난화로 기온이 높아지자 암컷만 많이 태어나고 있어요. 게다가 온도 변화에 적응하지 못한 해초와 산호가 죽으면서, 먹이도 줄어들고 있지요.

- 아낙시만드로스, 과학의 눈으로 맨 처음 화석을 보다
- 레오나르도 다빈치, 화석으로 지각 변동을 알아내다
- 알프레드 베게너, 화석으로 땅의 움직임을 밝혀내다
- 매리 애닝, 어룡과 익룡 화석을 발견하다

한눈에 쏙 - 공룡과 화석을 연구한 사람들

한 걸음 더 - 공룡·화석과 관련된 직업

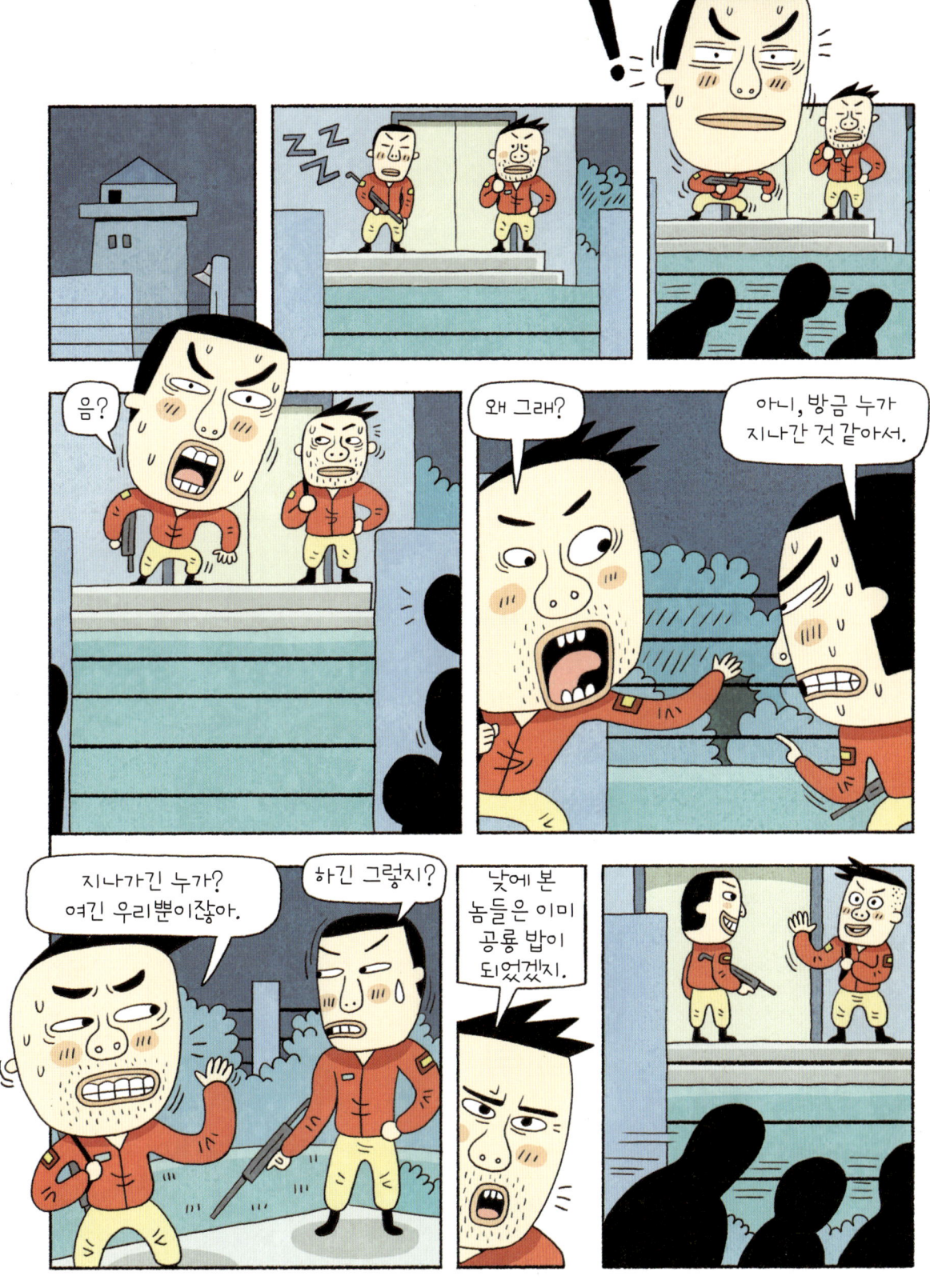

 아낙시만드로스, 과학의 눈으로 맨 처음 화석을 보다

화석은 언제부터 사람들 눈에 띄기 시작했을까요? 과학이 본격적으로 발달하기 시작한 16세기부터였을까요? 아니면 그보다 훨씬 전이었을까요? 아무래도 땅속에 묻혀 있다 보니 발견되기 어려웠을 거라고요?

놀랍게도 화석은 인류가 나타난 지 얼마 안 됐을 때부터 발견됐어요. 선사 시대 동굴 유적지에서 암모나이트나 상어 이빨로 만든 장식품이 발견되었거든요.

하지만 그때는 화석을 뼈나 돌로만 여겼을 뿐, 오래전 생물의 흔적이라고는 생각하지 못했어요.

과학이 싹트던 고대 그리스

지금으로부터 2600여 년 전, 고대 그리스에 아낙시만드로스라는 학자가 있었어요. 그는 이 세계가 어떻게 생겨났는지 매우 궁금했어요. 오랜 연구 끝에 아낙시만드로스는 세상의 모든 것이 '아페이론'에서 탄생했다고 결론 내렸지요.

모든 것이 아페이론이라는 하나의 큰 덩어리에서 만들어졌고, 우리가 사는 세상도 아페이론에서 나왔다고 주장한 것이지요.

인간의 조상이 물고기라고?

그러던 어느 날, 아낙시만드로스는 땅속에 있던 물고기 화석을 발견했어요. 그는 이 화석을 발견한 뒤, 아주 오래전에는 지구에 물고기만 살았다고 생각했어요. 그리고 우리 인간도 물고기에서 갈라져 나왔다고 주장했지요.

황당하다고요? 그래도 고대 사람의 생각치고는 아주 과학적이었어요. 당시 사람들은 화석을 '생물과 비슷하게 생긴 돌'이라고만 생각했고, 인간은 당연히 신이 만든 것이라고 여겼거든요.

아리스토텔레스의 실수

고대 그리스의 철학자 아리스토텔레스는 모든 생물이 저절로 생겨난다고 생각했어요. 화석은 저절로 생겨나다가 생물이 되지 못한 물체라고 생각했지요. 이 주장은 약 2천 년 뒤에야 잘못된 생각이라고 밝혀졌답니다.

레오나르도 다빈치, 화석으로 지각 변동을 알아내다

신비로운 미소의 여인을 담은 그림 〈모나리자〉! 이탈리아의 화가 레오나르도 다빈치(1452~1519년)가 그린 이 작품에 대해 들어 본 적 있죠?

다빈치는 유명한 화가로 알려져 있지만 그림만 그리진 않았어요. 놀랍게도 그는 발명, 건축, 해부학, 천문학, 철학, 음악 등 다양한 분야에서 활동했지요. 심지어 화석을 연구하기도 했답니다.

화석에 대한 중세 유럽 인의 생각

다빈치가 살았던 시대는 기독교적 세계관*이 전 유럽을 지배하던 중세였어요. 이 당시 과학은 기독교를 뒷받침하기 위해 사용하는 수단일 뿐이었어요. 화석 연구도 마찬가지였어요.

예를 들어 산속에서 조개 화석이 발견되면, 사람들은 그것을 성경에 나오는 홍수 이야기와 연결시켰어요. 신이 일으킨 거대한 홍수 때문에 높은 곳에 조개의 화석이 남았다는 식이었지요. 또는 화석은 신이 생물을 만들다 실패한 것이라고 생각했어요.

★ **기독교적 세계관** 하느님이 세상 모든 것을 만들고 다스린다는 생각

산에서 발견된 여러 화석

다빈치는 다른 사람들과 생각이 달랐어요. 그는 조개 화석이 여러 지층에서 발견되는 것을 보고 의심을 품었어요. 그건 조개가 한 번에 묻힌 게 아니라, 오랜 세월 동안 여러 차례에 걸쳐 쌓였다는 뜻이니까요. 하지만 성경에는 거대한 홍수가 두 번 이상 일어났다는 기록이 없었지요.

이탈리아 산맥에서 발견된 물고기 화석

다빈치는 이상한 점을 하나 더 발견했어요. 만약 화석이 신이 생물을 만들다가 실패한 것이라면, 어디서나 비슷한 화석이 발견되어야 할 텐데 그렇지 않았거든요. 지역에 따라 발견되는 화석이 다 달랐던 거예요.

다빈치는 화석을 연구한 뒤 다음과 같은 결론을 내렸어요.

> 알프스 산맥은 과거에 바닷속에 있었을 거야. 그때 바다 밑에 묻힌 조개 화석들이 지각 변동*으로 땅과 함께 솟아올라 산에서 발견된 것이지.

> 따라서 신이 일으킨 거대한 홍수와 조개 화석은 아무 관련이 없어!

> 바로 그거야!

★ **지각 변동** 화산, 지진 등처럼 지구 내부의 원인으로 땅이 흔들리거나 움직이고, 변형되는 것

지금은 다빈치의 생각이 당연하게 들리지만, 당시에는 아주 위험한 생각이었어요. 기독교에서 내린 결론과 다른 의견을 말하면 목숨을 잃을 수도 있었거든요.

결국 다빈치는 이 생각을 세상에 널리 알릴 수 없었어요. 다만 연구 내용을 정리하여 기록만 해 두었지요. 그가 남긴 소중한 자료는 다음 세대 학자들이 화석을 연구할 때 큰 도움이 되었답니다.

다른 사람들 모르게 거꾸로 쓴 레스터 문서

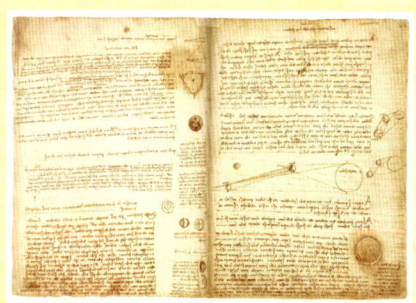

다빈치는 자신의 연구 기록을 노트에 정리했는데, 이 문서를 '레스터 문서'라고 불러요. 레스터 문서는 특이하게도 글자의 좌우가 뒤집어져 있어요. 마치 암호처럼 사람들이 쉽게 알아볼 수 없도록 말이에요.

이 사실을 깨달은 후세 사람들은 레스터 문서를 거울에 비추어 읽었지요. 다빈치가 기독교인들의 눈을 피해 남겨 놓은 암호문은 결국 사라지지 않고 전달되어 우리에게 많은 정보를 주었답니다.

알프레드 베게너, 화석으로 땅의 움직임을 밝혀내다

알프레드 베게너(1880~1930년)는 기상학*을 연구하던 독일의 과학자예요.

어느 날 그는 지도를 보다가 아프리카 대륙과 남아메리카 대륙이 퍼즐처럼 잘 맞는다는 것을 깨달았어요. 베게너는 두 대륙이 과거에는 하나였다가 지금은 떨어진 것이라고 생각했지요.

처음에는 이 주장을 뒷받침할 만한 증거를 찾지 못했어요. 어떻게 이 무겁고 거대한 대륙이 움직였는지 알 수 없었던 것이지요. 베게너는 증거를 찾기 위해서 전 세계를 돌아다녔어요. 그때 모은 자료 중 가장 중요한 것이 바로 화석이었답니다.

★ **기상학** 여러 날씨 현상을 연구하는 학문

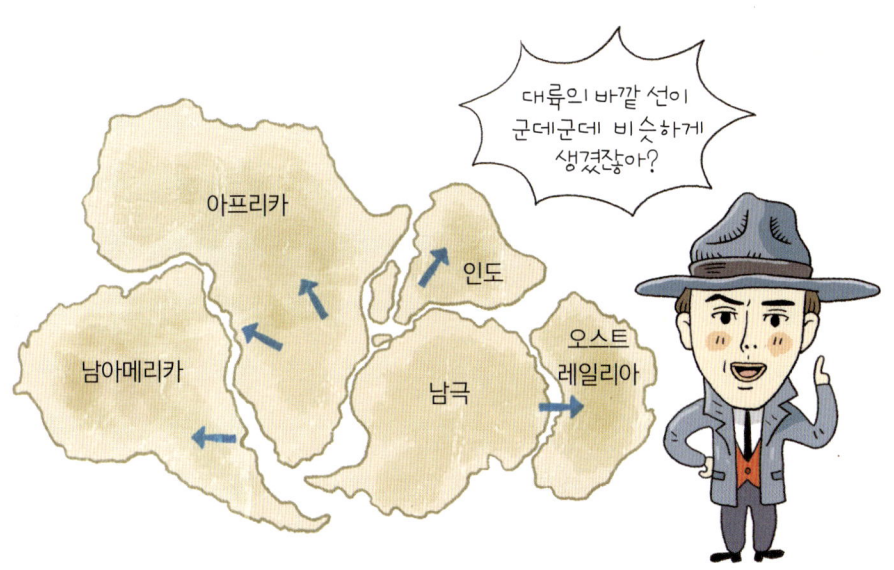

대륙 이동설의 증거가 된 화석

베게너는 위 그림에서 보듯이, 지금은 떨어져 있는 대륙에서 비슷한 동식물의 화석이 발견된다는 사실을 알아냈어요. 한 고생물의 화석이 여러 대륙에 걸쳐서 나왔던 거예요. 이것은 여러 대륙이 아주 오래전에는 하나였음을 뒷받침하는 매우 중요한 증거였어요.

하지만 당시 사람들은 '땅은 단단하므로 움직일 수 없다'는 생각을 버리지 못했어요. 고생물들이 나무 같은 것을 타고 아메리카와 아프리카 대륙 사이에 있는 바다를 떠내려갔을 거라고 믿었지요.

또 어떤 사람들은 두 대륙 사이에 육교 같은 길이 나 있어서 생물이 자유롭게 이

동할 수 있었을 거라고 생각했답니다.

　그렇지만 두 대륙 사이의 바다가 너무 넓어서 위 주장들은 현실적이지 못해요. 다만 그 시대 사람들은 거대한 대륙이 움직인다는 것이 더 말도 안 된다고 생각했어요. 그래서 베게너의 주장을 받아들이지 않았던 거예요.

새로운 과학 이론의 씨앗이 된 화석

　처음 베게너의 대륙 이동설은 사람들에게 무시를 당했어요. 하지만 진실은 언젠가 밝혀지는 법! 과학이 좀 더 발전하면서, 그의 이론은 사실로 밝혀졌어요.

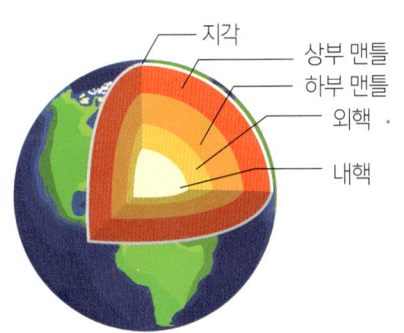

　땅덩어리 아래에는 맨틀이라는 것이 있어요. 맨틀은 완전한 고체가 아니에요. 맨틀 아래에 있는 뜨거운 열 때문에 살짝 녹아서 움직이지요. 그래서 맨틀 위에 있는 땅, 대륙도 함께 움직인다는 사실이 밝혀진 거예요. 이로써 베게너의 주장은 모두에게 인정받았답니다.

　대륙 이동설은 뒷날 판 구조론에도 영향을 주었어요. 판 구조론은 지구의 겉면이 여러 개의 판으로 나누어져 있다는 이론이에요. 판의 움직임이 화산과 지진을 일으킨다는 것도 알게 되었지요.

　이처럼 화석은 새로운 과학 이론의 탄생에도 큰 도움을 주었답니다.

매리 애닝, 어룡과 익룡 화석을 발견하다

　매리 애닝(1799~1847년)은 영국의 바닷가 마을인 라임 레지스에서 태어났어요. 가난했던 애닝의 가족은 돈을 벌기 위해 바닷가에 있는 화석을 주워 관광객에게 기념품으로 팔았어요.

　특히 폭풍이 마을을 휩쓸고 지나가면 바닷가와 집 주변에 화석이 많이 밀려와서, 화석을 연구하기 참 좋은 환경이었대요.

바닷가에서 만난 어룡과 익룡

　어느 날, 애닝의 오빠가 바닷가에서 신기하게 생긴 동물의 머리뼈를 발견했어요. 그리고 몇 달 뒤, 애닝이 그 동물의 나머지 부분을 주웠지요.

어룡의 머리 뼈

　당시 사람들은 이 머리뼈의 주인공이 악어의 한 종류일 거라고 생각했어요. 얼마 뒤 이 동물이 멸종된 어룡이라는 것이 밝혀지자, 화석에 대한 사람들의 관심이 매우 높아졌어요. 덕분에 애닝의 집안 형편도 나아졌답니다.

　그 뒤로도 애닝은 더욱 열심히 화석을 찾아다녔고, 세계 최초로 플레시오사우루스 화석을 찾았어요. 플레시오사우루스는 몸통과 지느러미가 바다거북을 닮은 고생물

플레시오사우루스

프테로닥틸루스

이에요. 또 독일이 아닌 지역에서 최초로 익룡 프테로닥틸루스의 화석을 발견했답니다.

화석 전문가가 되다!

애닝은 화석을 수집하는 일에 그치지 않고 더 나아가 공부를 시작했어요. 고생물학, 해부학, 동물학 등 다양한 분야를 공부하여 고생물이 오늘날의 생물과 무엇이 다른지, 어떤 특징이 있는지 연구했답니다.

그 결과 전 유럽에 매리 애닝이라는 이름이 알려졌어요.

차별을 딛고 고고학의 어머니가 되다

매리 애닝은 그 누구보다 많은 현장 경험과 지식을 쌓았어요. 하지만 그 시대 영국 학자들은 그녀를 동료 연구자로 여기지 않았지요. 애닝이 여자이고, 신분이 낮다는 이유에서였어요. 그 시기는 남녀 차별이 심하고 신분이 중요한 시대였거든요. 하지만 애닝이 찾아낸 여러 화석과 그녀가 쓴 기록, 연구한 결과까지 무시할 수 없었어요.

결국 동료들은 애닝의 노력을 인정해 주었고, 사람들은 그녀를 '고고학*의 어머니'라고 불렀답니다.

내 연구 덕분에 고생물의 종류가 엄청나게 많다는 것이 밝혀졌어.

★ **고고학** 화석, 유물, 유적을 통해 지구와 인류의 옛 모습을 연구하는 학문

공룡과 화석을 연구한 사람들

아낙시만드로스
- 고대 그리스의 학자
- 화석을 과학의 눈으로 맨 처음 바라봄
- 모든 것은 아페이론이라는 하나의 큰 덩어리에서 만들어졌고 세상도 그곳에서 나왔다고 주장
- 물고기 화석을 발견하고 인간이 물고기에서 갈라져 나왔다고 주장

레오나르도 다빈치
- 산에서 발견된 조개 화석을 연구
- 바닷속에 있었던 화석이 지각 변동으로 땅이 솟아오를 때 함께 올라온 것이라고 주장
- 이후의 화석 연구에 큰 도움이 됨

알프레드 베게너

- 기상학을 연구하던 독일의 과학자
- 지금은 멀리 떨어져 있는 대륙에서 비슷한 동식물 화석이 발견된다는 사실을 알아냄
- 아주 오래전에 하나였던 대륙이 나뉘어 지금의 모습이 되었다는 '대륙 이동설'을 주장
- 대륙 이동설은 지구의 겉면이 여러 개의 판으로 나누어져 있다는 '판 구조론'에 영향을 줌

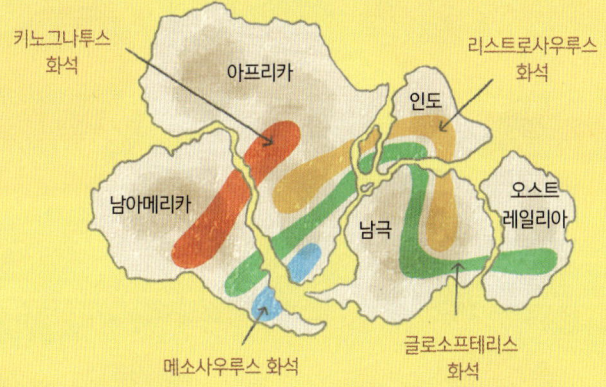

매리 애닝

- 가난한 어린 시절, 바닷가에서 화석을 주워 관광객에게 기념품으로 팔았음
- 오빠와 함께 어룡의 뼈를 발견함
- 세계 최초로 플레시오사우루스 화석을 발견함
- 독일 이외의 지역에서 최초로 익룡의 화석을 발견함
- 고생물학, 해부학, 동물학 등 다양한 분야를 공부하고 화석 전문가가 됨
- 성별과 신분의 차이를 딛고 '고고학의 어머니'로 불리게 됨

한 걸음 더!

공룡·화석과 관련된 직업

공룡은 보기만 해도 멋지고 화석은 무척 신기하지요. 그런 공룡과 화석에 대해 매일 생각하는 사람들이 있다고 해요. 어떤 사람들인지 알아볼까요?

고생물학자

생물학자가 아닌 '고생물학자'는 특히 '화석'으로만 남아 있는 지질 시대의 생물을 연구하는 사람을 말하는 경우가 많아요. 고생물학자는 화석을 발굴하고 연구하여 옛날에 살던 생물이 어떻게 생겼는지 알아내요. 또 그 생물이 살던 시대의 환경에 대해서도 밝혀내려고 하지요.

고생물학자는 지금은 지구에 살지 않는 생물들을 연구하기 때문에 다양한 과학 지식이 있어야 해요. 특히 생물학, 해부학 등을 잘 알아야 옛 생물의 모습을 추론할 수 있지요. 고생물의 작은 흔적조차 놓치지 않으려면 관찰력도 필요해요. 오랜 연구를 견딜 수 있는 끈기도 있어야겠지요!

자연사 박물관 큐레이터

박물관은 미술 박물관, 전쟁 박물관, 민속 박물관 등 굉장히 다양해요. 그중에서 공룡·화석과 관련된 박물관은 '자연사 박물관'이지요.

자연사 박물관 큐레이터는 전시를 기획하고 사람들에게 전시 내용을 잘 설명해 주는 사람이에요. 좋아하는 공룡과 화석에 대해 널리 알리고 소개할 수 있는 직업이랍니다.

자연사 박물관 큐레이터가 되려면 우선 전시물을 잘 이해할 수 있도록 고고학, 고생물학, 박물관학 등의 전문 지식을 쌓아야 해요. 대학이나 대학원에서 큐레이터 양성 과정을 밟거나 박물관에서 실습 과정을 거친 뒤 큐레이터가 될 수 있어요.

- 만화를 통해 되살아난 공룡
- 눈앞에 펼쳐진 공룡의 세계 <쥬라기 공원>
- 빙하 시대를 다룬 <아이스 에이지>

한눈에 쏙 - 만화와 영화 속의 공룡
한 걸음 더 - 공룡을 만날 수 있는 박물관

만화를 통해 되살아난 공룡

공룡의 무시무시한 생김새와 엄청난 크기에 푹 빠져 본 적이 있나요? 공룡은 실제 모습을 볼 수 없다는 사실만으로도 매우 흥미롭고 신비로워요. 그래서 끝없는 상상의 세계로 우리를 끌어당기지요.

중생대에 살던 공룡은 다른 동물에 비해 매우 크고, 위험한 존재였어요. 하지만 현재 우리 주변에서는 친근한 모습의 공룡을 많이 볼 수 있지요. 특히 만화 속에서 귀엽고 사랑스러운 공룡 캐릭터를 쉽게 만날 수 있어요. 어떤 공룡들인지 함께 알아볼까요?

아기공룡 둘리

둘리는 1983년에 태어난 우리나라의 대표적인 만화 캐릭터예요. 옛날에 둘리의 인기는 어마어마했어요. 그때의 인기를 알려 주기라도 하듯, 경기도 부천시에는 '둘리 거리'가, 서울 도봉구 쌍문동에는 '둘리 박물관'이 있어요.

동글동글 귀엽게 생긴 둘리는 어떤 종류의 공룡일까요? 놀랍게도 둘리의 모델은 육식 공룡인 케라토사우루스래요. 굉장히 무섭게 생긴 공룡이죠?

만약 이 모습을 그대로 만화에 그렸다면 〈아기공룡 둘리〉

는 공포 만화가 됐을지도 몰라요. 만화가의 번뜩이는 상상력으로 귀여운 둘리가 태어날 수 있었답니다.

케라토사우루스

뽀로로의 친구 크롱

크롱은 인기 캐릭터 뽀로로를 따라다니며 말썽을 일으키는 사고뭉치예요. 특정 공룡을 모델로 하진 않았지만, 일반적인 공룡의 모습을 캐릭터로 귀엽게 표현했지요.

크롱은 2014년에 프로 야구팀 NC 다이노스의 마스코트로 정해지기도 했어요. 다이노스(DINOS)가 공룡(dinosaur)을 뜻하는 단어라, 공룡 캐릭터인 크롱을 마스코트로 활용한 것이랍니다.

만화와 영화 속의 공룡

눈앞에 펼쳐진 공룡의 세계 〈쥬라기 공원〉

공룡이 나오는 영화 중 가장 유명한 작품은 〈쥬라기 공원〉이에요. 1993년에 만들어진 이 영화는 미국의 유명한 감독, 스티븐 스필버그의 작품이지요.

무려 20년이 훌쩍 넘은 작품이지만, 영화 속에서 특수 효과로 표현한 공룡의 모습은 매우 자연스럽답니다. 물론 스토리도 훌륭하지요.

〈쥬라기 공원〉은 어떤 내용일까?

돈 많은 한 사업가가 공룡을 부활시켜 세계 최대의 테마파크 '쥬라기 공원'을 만들 계획을 세워요. 그는 고생물학자들을 불러 모아 공룡의 피를 이용해 공룡을 만드는 데 성공하지요.

쥬라기 공원의 개장을 앞둔 어느 날, 공룡을 통제하는 시스템이 고장 나고 말아요. 그 바람에 공룡이 사람을 공격하는 무섭고 끔찍한 사건이 일어나지요. 사람들은 엄청난 고생을 겪은 뒤, 간신히 쥬라기 공원을 탈출한답니다.

이 영화는 큰 인기를 끌어, 뒤이어 시리즈 영화가 만들어졌어요. 2015년에도 〈쥬라기 월드〉라는 영화가 나왔다고 하니, 〈쥬라기 공원〉의 인기를 알 법하지요?

공룡의 피를 어떻게 구할까?

호박에 갇힌 모기 화석

영화 〈쥬라기 공원〉에서는 어떻게 공룡을 되살렸을까요? 바로 모기의 몸속에 남아 있는 피를 이용해서였지요.

모기는 중생대에도 살았어요. 그때도 동물들의 피를 빨아 먹었지요. 만약 공룡의 피를 빨아 먹은 모기가 소나무에 앉았다가 송진에 묻힌다면 어떻게 될까요? 모기는 송진에 갇힌 채 화석이 될 거예요. 송진은 굳어서 '호박'이라는 단단한 보석이 되거든요.

영화 속 연구원들은 호박에 있는 모기를 꺼내 그 속에 있는 피를 뽑아냈어요. 그리고 그 피에 담긴 유전 정보를 활용하여 공룡을 되살렸지요.

호박에 갇힌 중생대의 모기는 현대에 이르러서 사람들에게 발견되고 있어요. 영화는 이것을 이용해 재밌는 이야기를 만들어 냈답니다.

★ **송진** 소나무에서 나오는 끈적끈적한 액체

정말 피 한 방울로 공룡을 만들 수 있을까?

피 속에는 생명체의 유전 정보가 들어 있어요. 그 유전 정보를 통해 생명체가 어떻게 설계되었는지 알 수 있지요. 〈쥬라기 공원〉에서는 공룡 피에 담긴 유전 정보를 연구하여 공룡을 만들어 내요.

매우 그럴듯해 보이는 방법이지만, 실제로는 거의 불가능해요. 먼저 공룡의 피를 담고 있는 모기가 호박 속에 갇히기 쉽지 않아요.

또한 유전 정보만으로 생물의 원래 모습을 만들어 내기란 아주 어려워요. 여러분이 우주선의 설계도를 갖고 있다고 생각해 봐요. 우주선을 만들 재료나 조립할 방법이 없다면 설계도가 있어도 만들지 못하겠지요? 마찬가지로 유전 정보를 알고 있어도 원래의 모습을 똑같이 만들어 내기는 어렵답니다.

공룡의 인기를 높인 영화

〈쥬라기 공원〉은 아이들뿐만 아니라 어른들까지도 공룡에 관심을 갖게 한 영화예요. 많은 사람들에게 공룡을 알리는 데 큰 역할을 했지요. 특히 이 영화에서 많은 관심을 받은 티라노사우루스는 '공룡' 하면 떠오르는 대표적인 공룡이 되었답니다.

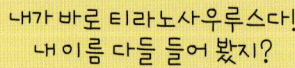

내가 바로 티라노사우루스다! 내 이름 다들 들어 봤지?

빙하 시대를 다룬 〈아이스 에이지〉

애니메이션 〈아이스 에이지〉는 제목 그대로 빙하 시대에 대해 다룬 작품이에요. 지금으로부터 1만 5천 년 전쯤으로, 지질 시대가 끝나 가는 시기를 배경으로 하지요.

여기서 질문 하나! 이때 공룡이 살았을까요, 살지 않았을까요? 답은 '살지 않았다'예요. 이때는 공룡이 이미 멸종했거든요. 그래서 이 애니메이션의 주인공은 공룡이 아니지요. 〈아이스 에이지〉의 주인공은 빙하 시대에 활동했던 매머드, 검치호, 땅늘보랍니다. 매머드는 2화에서 살펴봤으니, 이번엔 검치호와 땅늘보에 대해 알아봐요.

길쭉한 송곳니를 가진 검치호

검치호는 호랑이와 비슷하게 생긴 고양잇과의 육식 동물이에요. 낫처럼 길게 자란 송곳니가 호랑이와 다른 검치호만의 특징이지요.

검치호는 4천만 년 전에 처음 나타나, 1만 년 전에 멸종했다고 해요. 만약 지금까지 살아 있었다면 호랑이의 좋은 맞수가 되었을 텐데 아쉽죠?

> 내 송곳니 무시무시하지?

나무늘보의 사촌 땅늘보

땅늘보는 우리가 알고 있는 나무늘보의 사촌 정도 되는 동물이에요. 나무늘보는 게으른 것으로 유명하지요? 하지만 땅늘보는 나무늘보와 다르게, 동작이 꽤 빠르고 땅에서 걸어 다녔다고 해요.

옛날 아메리카 대륙에 살았던 땅늘보 중에는 키가 6미터, 몸무게가 5톤이나 되는 것도 있었대요. 정말 어마어마하지요?

이런 동물이 두 발로 서서 다녔다니, 만약 지금까지 살아 있었다면 정말 무시무시했을 거예요. 하지만 땅늘보 역시 1만 년 정도 전에 기후의 변화와 인간의 사냥으로 멸종했답니다.

나무늘보

동물의 멸종을 막아라!

이처럼 〈아이스 에이지〉 속에는 지금은 볼 수 없는 멸종 동물들이 나와요. 사실 매머드, 검치호, 땅늘보 등은 인간의 사냥 때문에 멸종했을 가능성이 높다고 해요.

지금도 환경 파괴와 무리한 사냥 등으로 많은 동물이 사라질 위기에 처해 있어요. 만약 미래에 우리 후손들이 코끼리나 호랑이, 기린과 같은 동물을 사진이나 그림으로만 볼 수 있게 된다면 너무 슬프겠지요? 우리 모두 멸종 위기 동물을 보호하기 위해 노력해 봐요.

지구가 꽁꽁 얼었어요!

애니메이션 〈아이스 에이지〉의 배경인 빙하기는 어떤 시대일까요? 지구 전체가 꽁꽁 얼다니, 상상하기도 어렵네요. 그게 가능한 일일까요?

과학자들은 남극의 얼음에 구멍을 파서 과거 지구의 기후가 어땠는지를 알아냈어요. 남극의 얼음은 수십만 년도 더 전부터 얼어 있었기 때문에 과거의 공기를 그대로 지니고 있거든요. 그 공기를 연구하여 아주 오래전의 기후를 알아낸 거예요.

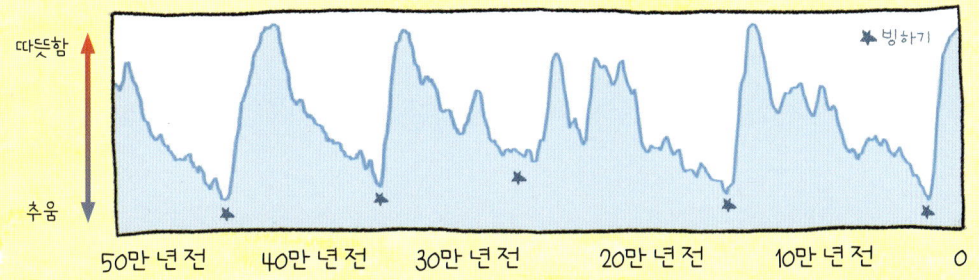

지구는 위의 그림처럼 여러 번의 빙하기를 겪었어요. 오랜 시간 동안 추웠다가, 따뜻해졌다가를 반복한 것이지요. 다행히 1만 2천 년 전에 빙하기가 끝나, 우리는 따뜻한 시기에 살고 있답니다.

만화와 영화 속의 공룡

만화와 영화를 통해 되살아난 공룡

아기공룡 둘리
- 1983년에 태어난 우리나라의 대표적인 만화 캐릭터
- 육식 공룡인 케라토사우루스를 모델로 귀여운 둘리 캐릭터를 만들어 냄

뽀로로의 친구 크롱
- 뽀로로를 따라다니며 말썽을 일으키는 사고뭉치 캐릭터
- 공룡의 모습을 귀엽게 표현
- 2014년 프로 야구팀 NC 다이노스(DINOS)의 마스코트로 정해짐

스티븐 스필버그 감독의 〈쥬라기 공원〉
- 미국의 유명 감독 스티븐 스필버그가 1993년에 만든 작품
- 공룡 테마파크 '쥬라기 공원'에서 공룡들이 사람을 공격하게 되어 탈출하는 이야기
- 영화와 달리 공룡 피 한 방울로 공룡을 되살리는 것은 불가능함
- 공룡의 인기를 한층 높인 영화

빙하 시대를 다룬 〈아이스 에이지〉

- 빙하 시대를 다룬 애니메이션 〈아이스 에이지〉
- 공룡이 멸종된 뒤의 시기로 매머드, 검치호, 땅늘보가 주인공

매머드

- 4만 년 전부터 1만 년 전까지 살았던 코끼릿과의 동물
- 2007년 러시아 시베리아에서 잘 보존된 매머드 화석이 발견됨

검치호

- 호랑이와 비슷하게 생긴 고양잇과의 육식 동물
- 낫처럼 길게 자란 송곳니가 특징
- 4천만 년 전 처음 나타나, 1만 년 전에 멸종

땅늘보

- 나무늘보의 사촌 정도 되는 동물
- 나무늘보와 달리 땅에서 걸어 다니고 동작이 빨랐음
- 1만 년 정도 전에 기후 변화와 인간의 사냥으로 멸종

한 걸음 더!

공룡을 만날 수 있는 박물관

백 번 듣는 것보다 한 번 보는 것이 낫다고 하지요? 공룡 모형과 화석을 직접 보고 체험까지 할 수 있는 여러 박물관을 소개해 줄게요.

서대문자연사박물관

자연사란 말 그대로 자연의 역사예요. 자연의 역사에는 공룡은 물론 지구에 살았던 여러 동식물, 바로 생물의 역사가 담겨 있지요. 서대문자연사박물관에서는 지구의 탄생, 한반도의 자연사, 공룡의 등장과 멸종, 다양한 생물의 진화 과정을 모두 볼 수 있어요.

박물관에 들어서면 대형 공룡, '아크로칸토사우루스'가 여러분을 맞이할 거예요. 영화 〈박물관이 살아 있다〉에 나온 것처럼 커다란 공룡 뼈 모형을 보면, 어서 안으로 들어가서 구경하고 싶어진답니다.

박물관에 전시된 매머드 화석

초식 공룡
하드로사우루스의 알 화석

박물관 안에는 거대 공룡과 익룡, 어류, 매머드 모형은 물론, 다양한 화석이 전시돼 있답니다. 시청각실에서는 중생대와 공룡의 삶을 생생하게 담은 3D 입체 영화도 볼 수 있어요.
서대문자연사박물관을 관람하고 나면 지구의 탄생, 공룡의 번영과 멸종, 여러 동물의 진화 과정을 잘 이해할 수 있을 거예요.

- 위치 서울시 서대문구 연희로32길 51
- 홈페이지 namu.sdm.go.kr
- 전화번호 02-330-8899
- 개관 시간 평일 9:00~18:00, 공휴일 9:00~19:00 (3~10월)
  평일 9:00~17:00, 공휴일 9:00~18:00 (11~2월)
  월요일, 1월 1일, 설·추석 쉼
- 입장료 어린이 2,000원 / 청소년 3,000원 / 어른 6,000원

한 걸음 더!

국립과천과학관

종합 과학관인 '국립과천과학관'에는 어린이탐구체험관, 기초과학관, 자연사관, 전통과학관, 첨단기술관처럼 다양한 전시관이 한데 모여 있어요. 왜 종합 과학관이라고 불리는지 알겠지요? 하루 만에 다 돌아보기 힘들 만큼 넓다고 해요.

여러 전시관 중에서도 공룡 화석을 만날 수 있는 곳은 바로 '자연사관'이에요. 자연사관에서는 실제 사이즈의 공룡 모형과 뼈 화석, 고생물의 모형 및 화석을 볼 수 있습니다. 특히 전시관 입구에는 세계에서 가장 큰 종려나뭇잎 화석이 전시되어 있어요. 어린이 키보다도 훨씬 커서 보면 깜짝 놀랄 거예요.

국립과천과학관의 자연사관이 좋은 점은 체험을 많이 해 볼 수 있다는 것이에요. 지구가 태어날 때부터 있었던 운석

을 만져 볼 수 있는가 하면, 자동차를 타고 지질 여행을 떠날 수도 있지요.

무엇보다 공룡을 좋아하는 친구들에게 가장 흥미로운 체험은 바로 가상 현실(VR) 체험일 거예요. 가상 현실 체험 장치를 이용해 공룡을 눈앞에서 직접 만나 볼 수 있거든요.

생생하게 몸으로 체험하며 배우기를 좋아하는 어린이라면, 국립과천과학관의 자연사관을 찾아 보세요!

야외에 있는 공룡 동산에서는 나처럼 커다란 공룡 모형도 만날 수 있어!

- 위치 경기도 과천시 상하벌로 110
- 홈페이지 www.sciencecenter.go.kr
- 전화번호 02-3677-1500
- 개관 시간 9:30~17:30
  월요일, 1월 1일, 설·추석 쉼
- 입장료 어린이·청소년 2,000원 / 어른 4,000원

한 걸음 더!

고성공룡박물관

자연사 박물관이나 종합 과학관 말고 오로지 공룡만을 위한 박물관은 없냐고요? 왜 없겠어요! 바로 여기, 고성공룡박물관이 있답니다. 이곳에서라면 여러분의 공룡에 대한 갈증을 모두 풀 수 있을 거예요.

고성은 한국 최초로 공룡 발자국이 발견된 곳이에요. 공룡 발자국을 볼 수 있는 상족암 해안가는 무려 '세계 3대 공룡 발자국 화석지'로 인정을 받은 곳이랍니다. 공룡을 좋아한다면 꼭 가 볼 만한 곳이겠지요?

- 위치 경상남도 고성군 하이면 자란만로 618
- 홈페이지 museum.goseong.go.kr
- 전화번호 055-670-4451
- 개관 시간 9:00~18:00 (3~10월)
  9:00~17:00 (11~2월)
  월요일, 1월 1일 쉼
- 입장료 어린이 1,500원 / 청소년 2,000원 / 어른 3,000원

공룡박물관은 바로 이 상족암 해안가에서 가까운 곳에 있어요. 걸어서 충분히 이동할 수 있는 거리이기 때문에 박물관과 공룡 발자국 화석지를 한번에 둘러볼 수 있지요. 박물관 안에서 공룡의 종류와 생활, 사는 곳 등을 살펴본 뒤 발자국 화석까지 보러 간다면 더욱 좋을 거예요.

공룡 발자국을 보고 싶다면 공룡박물관에서 나와 공룡 공원을 지나 해안가 쪽으로 내려가면 돼요. 커다란 발자국에 발도 넣어 보고 손으로도 직접 만져 보면서, 이 땅에 살았을 공룡들을 상상해 보세요. 즐겁고 생생한 체험 학습이 될 거랍니다!

고성 상족암에 있는 공룡 발자국 화석지

1화 공룡, 넌 누구냐!

1 다음 중 공룡에 대한 설명으로 틀린 것을 고르세요.

① 공룡은 '무서운 파충류'라는 뜻이다.

② 사람처럼 두 발로 걷는 공룡도 있었다.

③ 물속에 사는 어룡과 하늘을 나는 익룡도 공룡이었다.

④ 공룡은 알에서 태어났고, 공룡이 낳는 알의 수와 모양, 크기는 다양했다.

2 다음 중 공룡이 살지 않았던 시기를 고르세요.

① 선캄브리아대

② 트라이아스기

③ 쥐라기

④ 백악기

3 다음은 육식 공룡과 초식 공룡에 대한 설명이에요. 빈칸에 들어갈 알맞은 말을 <보기>에서 찾아 써 보세요.

> 공룡은 먹이를 무엇으로 하는지에 따라 크게 육식 공룡과 초식 공룡으로 나뉘어요. 다른 동물을 잡아먹던 육식 공룡은 싸움에서 이기기 위해 (　　　)과 강한 턱을 가지고 있었고, 두 발로 빨리 달릴 수 있었어요.
> 양치식물, 열매, 나뭇잎 등을 먹은 초식 동물은 (　　　)가 있었어요. 또 어떤 초식 공룡들은 자신을 지킬 수 있도록 뾰족한 침과 튼튼한 뿔, (　　　) 등을 갖고 있었지요.

보기

날카로운 이빨　　매끈한 이빨　　뾰족한 어금니　　뭉뚝한 어금니

단단한 갑옷　　소화를 돕는 돌

4 공룡이 사라진 원인에 대해 옳게 말하는 사람을 고르세요.

①  공룡 멸종의 원인으로 가장 가능성이 높은 가설은 '운석 충돌설'이야.

② 운석이 충돌하면서 흙먼지가 하늘을 뒤덮는 바람에 지구가 따뜻해졌어.

③ 공룡이 멸종한 원인 중에는 몸에 털이 많았다는 것도 있어.

④ 포유류가 모두 죽어서 공룡의 먹이도 사라졌어. 그래서 공룡이 멸종한 거야.

2화 뼈만 남았네!

1 다음 중 화석에 대한 설명으로 틀린 것을 고르세요.

① 화석은 지질 시대에 살던 생물의 뼈나 흔적이 지금까지 남아 있는 것이다.

② 신라 시대에 살던 소가 죽어서 발견된 흔적은 화석이 아니다.

③ 자연스럽게 생긴 것뿐만이 아니라 미라처럼 사람이 만든 것도 화석이다.

④ 뼈만이 아니라 알, 똥, 발자국처럼 생물이 남긴 흔적도 화석이다.

2 현명해 박사가 되어 주락이와 자연이에게 화석 연구의 가치를 설명해 주세요. 서술형 문항 대비 ✔

삼촌, 이 화석이 그렇게 대단해요?

그러게. 이 돌덩이로 뭘 연구한다는 거예요?

모르는 소리! 화석 연구는 아주 중요하단다. 화석 연구의 가치로는 크게 두 가지가 있는데……

3 다음 빈칸에 들어갈 말로 알맞은 말을 써 보세요.

> 화석이 발견될 수 있는 돌은 (㉠)으로 자갈, 모래, 흙 등이 쌓여 굳어진 돌이지요. 마그마가 굳어서 생긴 (㉡)이나, 기존의 돌이 열이나 압력을 받아 변한 (㉢)에서는 화석이 발견되기 어려워요. 높은 열이나 압력에서는 화석이 모습을 간직하고 남아 있기 어렵거든요.

㉠ : _____   ㉡ : _____   ㉢ : _____

4 다음 중 설명이 잘못된 것을 고르세요.

① 고생대 생물인 삼엽충은 몸통이 뚜렷하게 세 부분으로 나뉘어 있었다.

② 화석으로만 남아 있는 암모나이트는 앵무조개와 조상이 같을 가능성이 크다.

③ 규화목은 땅속에 묻힌 나무에 돌 성분이 들어가지 않아 지금까지 보존될 수 있었다.

④ 살아 있는 화석은 지질 시대에 살았던 생물 중 멸종하지 않고 지금까지 살아 있는 생물을 말한다.

3화 연료가 된 화석

1 화석 연료와 그에 해당하는 특징을 알맞게 짝지어 보세요.

석탄 ①　　　　　　㉠ 도시가스, 버스 연료, 발전소 등에서 사용하고 나쁜 물질도 적게 생긴다.

석유 ②　　　　　　㉡ 죽은 동물의 몸이나 바다 미생물이 묻혀서 분해가 많이 일어나, 액체 상태가 되었다.

천연가스 ③　　　　㉢ 지질 시대의 식물들이 땅에 묻혔다가 열과 압력을 받아 까맣게 변한 돌이다.

오일 샌드 ④　　　　㉣ 석유가 모래나 바위에 들어 있는 것이다.

2 화석 연료의 문제점으로 틀린 것을 고르세요.

① 화석 연료에 들어 있는 황이라는 성분이 산성비의 원인이 된다.

② 미세 먼지가 생기게 해서 사람의 건강을 해친다.

③ 화석 연료를 사용할 때 나오는 이산화탄소 때문에 지구 온난화가 일어난다.

④ 지구 전체의 온도가 0.8도 오르는 것은 별로 큰 문제를 일으키지 않는다.

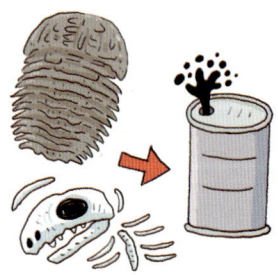

3 다음은 화석 연료 대신에 사용할 수 있는 연료들에 대한 설명이에요. 빈칸에 들어갈 말로 알맞은 말을 적어 보세요.

> (㉠)는 우라늄의 핵이 쪼개질 때 생기는 엄청난 에너지를 생활에 이용하는 것이에요. (㉡)는 태양 전지를 이용해 빛을 전기로 만드는 거예요.
> (㉢)는 바람이 거대한 풍차를 돌리는 힘을 이용해 전기를 만들어요.

㉠ : _____　　㉡ : _____　　㉢ : _____

4 풍력 에너지는 환경 오염 물질도 없고 영원히 쓸 수 있어서 태양 에너지와 함께 미래의 에너지로 주목받고 있어요. 하지만 아직 많이 쓰이지 않고 있답니다. 그 이유는 무엇일까요? 서술형 문항 대비 ✓

_____
_____
_____
_____

4화 화석과 놀 거야

1 공룡과 화석을 연구한 과학자와 그의 주장이 바르게 짝지어지지 않은 것을 고르세요.

① 아낙시만드로스 : 아주 오래전 지구에는 물고기만 살았어. 인간의 조상도 물고기야.

② 아리스토텔레스 : 화석은 생물이 되려다 실패한 물체야.

③ 레오나르도 다빈치 : 산속에서 조개 화석이 발견된 것은 옛날에 났던 거대한 홍수 때문이야.

④ 알프레드 베게너 : 여러 대륙은 오래전에 하나였어.

2 다음 글에서 설명하는 이론은 무엇일까요?

> 독일의 과학자 베게너는 어느 날 지도를 보다가 아프리카 대륙과 남아메리카 대륙이 퍼즐처럼 잘 맞는다는 것을 깨달았어요. 그리고 지금은 떨어져 있는 대륙에서 비슷한 동식물의 화석이 발견된다는 사실을 알아냈지요. 이를 통해 베게너는 (   )을 주장했어요.

① 대륙 이동설　　　　　② 판 구조론
③ 아페이론　　　　　　④ 지각 변동

120

3 고고학자 매리 애닝에 대한 설명으로 옳지 않은 것을 고르세요.

① 오빠와 함께 어룡의 화석을 발견했다.

② 세계 최초로 바다거북을 닮은 고생물, 플레시오사우루스 화석을 찾았다.

③ 익룡인 프테로닥틸루스의 화석을 발견했다.

④ 애닝의 연구가 훌륭했기 때문에 차별을 전혀 받지 않았다.

4 중세 유럽에 살았던 레오나르도 다빈치는 화석을 연구하여 알아낸 지각 변동에 대해 세상에 알리지 않았어요. 기독교에서 내린 결론과 다른 의견을 말하면 목숨을 잃을 수 있었기 때문이에요.
다빈치의 행동에 대해 어떻게 생각하나요? 내가 만약 다빈치와 같은 상황에 놓인다면 어떻게 할까요? 자유롭게 써 보세요. 　서술형 문항 대비 ✓

5화 다시 만나는 공룡

1 다음 중 설명이 틀린 것을 고르세요.

① 〈아기공룡 둘리〉의 모델인 케라토사우루스는 육식 공룡이다.

② 뽀로로의 친구 크롱은 공룡의 모습을 귀엽게 표현한 캐릭터다.

③ 영화 〈쥬라기 공원〉에서처럼 공룡의 피로 공룡을 만들어 낼 수 있다.

④ 모기는 중생대에 공룡이 살 때도 있었다.

2 다음 중 설명이 틀린 것을 고르세요.

① '호박'이라는 보석은 소나무의 송진이 굳어서 만들어진 것이다.

② 애니메이션 〈아이스 에이지〉의 배경은 빙하 시대다.

③ 빙하 시대에도 공룡이 살았다.

④ 매머드, 검치호, 땅늘보 등은 인간의 사냥에 의해 멸종했을 가능성이 높다.

3 다음 중 멸종 동물에 대한 설명으로 틀린 것을 고르세요.

① 빙하 시대에 공룡은 이미 멸종했다.
② 매머드의 화석은 시베리아의 추위 덕분에 아주 잘 보존되어 있었다.
③ 호랑이와 비슷하게 생긴 검치호는 송곳니가 낫처럼 길게 자라 있었다.
④ 땅늘보는 게으르고 나무에 매달려 살았다.

4 사람들이 공룡 등 멸종한 동물을 만화나 영화, 애니메이션 속 캐릭터로 되살리는 이유는 무엇일까요? 자유롭게 생각하고 써 보세요. 서술형 문항 대비 ✓

정답 및 해설

1화

1. ③

…› 공룡은 육지에 살았던 종류만을 말해요. 따라서 물속에 살았던 어룡이나 하늘을 나는 익룡은 공룡이 아니에요. (☞17쪽)

2. ①

…› 공룡이 살았던 중생대는 트라이아스기, 쥐라기, 백악기로 나뉘어요. 선캄브리아대는 중생대보다 앞선 시기로, 이때 공룡은 아직 나타나지 않았어요. (☞18쪽)

3. 날카로운 이빨, 뭉뚝한 어금니, 단단한 갑옷 (☞20~23쪽)

4. ①

…› ② 흙먼지로 햇빛이 가려져 기온이 낮아졌어요.
③ 공룡의 몸에는 털이 없었어요.
④ 공룡이 멸종한 뒤, 공룡의 위협이 사라지자 포유류가 많아졌어요. 공룡의 시대가 끝나고 포유류의 시대가 시작된 거랍니다. (☞24~25쪽)

2화

1. ③

…› 자연스럽게 만들어진 것만을 화석이라고 말해요. 미라처럼 사람이 일부러 만든 것은 화석이 될 수 없답니다. (☞39쪽)

2. 첫째, 화석 연구는 고생물이 어떻게 살았는지를 알려 준다. 둘째, 화석은 지층이 만들어진 시기에 대해서도 알려 주어 매우 귀중한 연구 자료가 된단다.

…› (☞40~41쪽)

3. ㉠퇴적암 ㉡화성암 ㉢변성암

…› (☞45쪽)

4. ③

…› 규화목은 나무에 돌 성분이 흘러들어 돌처럼 단단해진 화석이에요. (☞47쪽)

3화

1. ①-㉢ ②-㉡ ③-㉠ ④-㉣

…› (☞59~61쪽)

2. ④

…▶ 지구 전체의 온도가 0.8도 오르면 남극과 북극의 얼음이 조금씩 녹아 큰 문제가 생겨요. (☞63쪽)

3. ㉠원자력 에너지 ㉡태양 에너지 ㉢풍력 에너지 (☞65~67쪽)

4. 첫째, 바람이 불지 않으면 에너지를 얻을 수 없기 때문이다. 둘째, 거대한 풍차를 여러 개 세워야 하기 때문에 적절한 장소가 없으면 발전소조차 만들 수 없다. (☞67쪽)

4화

1. ③

…▶ 중세 유럽 인들은 화석을 성경 속 홍수 이야기와 연결시켜 생각했어요. 신이 일으킨 거대한 홍수 사건 때문에 물이 밀려 올라가, 조개 화석이 산에 남았다는 거지요. 하지만 레오나르도 다빈치는 조개 화석들이 지각 변동으로 땅과 함께 솟아올라 산에서 발견됐다고 주장했어요. (☞80~81쪽)

2. ①

…▶ 베게너는 화석을 증거로 대륙의 움직임을 밝혀냈어요. (☞84쪽)

3. ④

…▶ 매리 애닝은 여자고 신분이 낮다는 이유로 동료 학자들로부터 차별을 받았어요. (☞87쪽)

4. 각자 자유롭게 생각해 보아요.

5화

1. ③

…▶ 실제로 피에 담긴 유전 정보만으로 생물의 원래 모습을 만들기는 어려워요. (☞102쪽)

2. ③

…▶ 빙하 시대에는 공룡이 이미 멸종했어요. (☞103쪽)

3. ④

…▶ 땅늘보는 나무늘보와 달리, 동작이 제법 빠르고 땅에서 걸어 다녔어요. (☞104쪽)

4. 각자 자유롭게 생각해 보아요.

찾아보기

ㄱ
검치호 ················· 103
고고학 ················· 87
고생물 ················· 38
공룡 ················· 16~17
규화목 ················· 47

ㄷ
대륙 이동설 ················· 84~85
땅늘보 ················· 104

ㄹ
레오나르도 다빈치 ················· 80~81

ㅁ
매리 애닝 ················· 86~87
매머드 ················· 44

ㅂ
변성암 ················· 45

ㅃ
빙하기 ················· 105

ㅅ
살아 있는 화석 ················· 47
삼엽충 ················· 46
석유 ················· 60
석탄 ················· 59

ㅇ
아낙시만드로스 ················· 78~79
알프레드 베게너 ················· 83~85
암모나이트 ················· 46
양치식물 ················· 22
오일 샌드 ················· 61
운석 충돌설 ················· 24, 26
원자력 에너지 ················· 65
육식 공룡 ················· 20~21
이리듐층 ················· 26

ㅈ
중생대 ················· 18~19
지각 변동 ················· 81

지구 온난화 ·········· 63~64
지질 시대 ·········· 18
지층 ·········· 24, 41, 45

ㅊ
천연가스 ·········· 61
초식 공룡 ·········· 22~23

ㅌ
태양 에너지 ·········· 66
퇴적암 ·········· 45

ㅍ
판 구조론 ·········· 85
풍력 에너지 ·········· 67

ㅎ
화석 ·········· 38~39
화석 연료 ·········· 58
화성암 ·········· 45

엄청 크다!

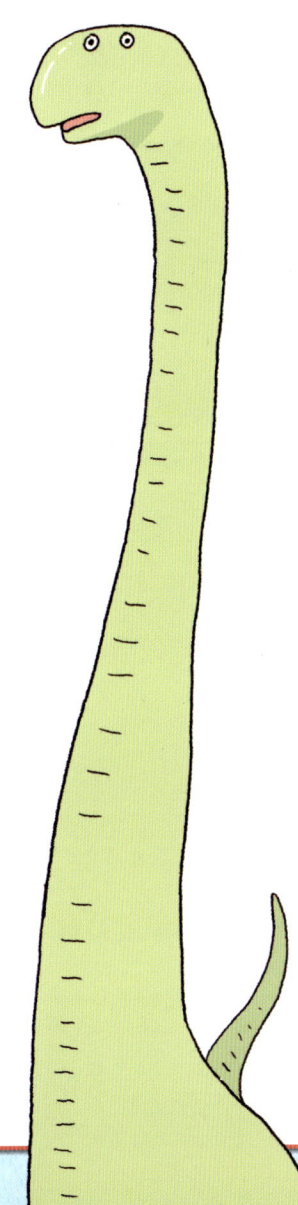

사회가 쉬워지는 통합교과 정보서
참 잘했어요 사회

옷에 숨은 역사·문화·경제·환경이 궁금해!

단추는 좋은 옷을 만드는 것이 꿈인 소년이에요.
마법의 바늘을 훔치려다가 마녀에게 잡혀 하인이 되고 말아요.
그 후 동료인 단벌 아저씨와 함께 마녀의 옷 만들기를 돕는데…….
단추는 과연 언제쯤 자유의 몸이 될 수 있을까요?
단추와 함께 내가 입는 옷에 담긴 사회 지식을 배워 봐요!

글 김성호 | 그림 이수영 | 감수 초등교사모임 | 값 11,000원

★ 다양한 주제로 계속해서 나옵니다.
⑫ 음식 내가 먹는 음식
⑬ 집 내가 사는 집
⑭ 동물 함께 사는 동물
⑮ 차 내가 타는 차

| 재미있는 스토리 | 쉽고 자세한 설명 | 서술형 평가에 대비하는 워크북 |

참 잘했어요 사회 시리즈는 초등 교과 과정에 알맞게 개발한 통합교과 정보서입니다.

1~10권도 재미있고 유익해!

지학사아르볼